ESSAI HISTORIQUE

SUR LA LIBERTÉ D'ÉCRIRE

CHEZ LES ANCIENS ET CHEZ LES MODERNES.

Se trouve à PARIS,

A LA LIBRAIRIE RUE DE VAUGIRARD, N° 9;

CHEZ DELAUNAY, LIBRAIRE, AU PALAIS-ROYAL;

ET CHEZ G. PISSIN, LIBRAIRE,
PLACE DU PALAIS DE JUSTICE, N° 1.

ESSAI HISTORIQUE

SUR

LA LIBERTÉ D'ÉCRIRE

CHEZ LES ANCIENS ET AU MOYEN AGE;

SUR

LA LIBERTÉ DE LA PRESSE

Depuis le quinzième siècle,

ET SUR LES MOYENS DE RÉPRESSION DONT CES LIBERTÉS
ONT ÉTÉ L'OBJET DANS TOUS LES TEMPS;

AVEC BEAUCOUP D'ANECDOTES ET DE NOTES;

SUIVI

D'UN TABLEAU SYNOPTIQUE DE L'ÉTAT DES IMPRIMERIES EN FRANCE,
EN 1704, 1739, 1810, 1830,

ET D'UNE CHRONOLOGIE DES LOIS SUR LA PRESSE,
DE 1789 A 1831.

PAR GABRIEL PEIGNOT.

———●●●———

A PARIS,

DE L'IMPRIMERIE DE CRAPELET,
RUE DE VAUGIRARD, N° 9.

—

M DCCC XXXII.

PRÉLIMINAIRE.

L'ESSAI que nous publions n'est point une discussion sur les avantages ou les dangers de la liberté de la presse ; la polémique relative à cet objet n'a eu que trop d'alimens dans tous les temps, et particulièrement depuis quarante ans. Qu'est-il résulté de ce déluge d'opinions pour ou contre? en sommes-nous plus avancés? la liberté d'écrire et d'agir dont on use en ce moment, et Dieu sait avec quelle latitude, malgré des lois de répression, contribue-t-elle beaucoup à notre bonheur, à la tranquillité publique, au rapprochement des partis, à l'affermissement d'un ordre de choses quelconque? Nous ne nous permettrons point d'aborder cette question ; laissons-la discuter aux publicistes de profession, ou plutôt laissons faire au temps;

il ne tardera peut-être pas à nous en donner la solution. Pour nous, bien convaincu de l'inutilité d'une nouvelle discussion à cet égard, nous avons essayé de nous frayer un nouveau sentier dans ce champ assez vaste pour qu'on puisse le parcourir encore d'une manière utile, ou du moins curieuse, sans suivre les chemins battus. Nous avons donc envisagé notre sujet sous le rapport purement historique, c'est-à-dire sous le rapport des moyens de prévention et de répression employés dans tous les temps pour contenir dans certaines limites la liberté d'écrire. En effet, ce n'est qu'en cela, ce n'est que dans le récit des actes de l'autorité et des faits qui en sont résultés, que peut consister l'histoire de cette liberté. Nous verrons donc ce qu'elle a été chez les anciens, au moyen âge, et chez les modernes. Ce petit tableau, plein de détails singuliers et curieux, mettra en plus grande évidence cette triste vérité dont tout le monde convient; c'est que la liberté illimitée de tout publier est la plaie de la société, aussi dangereuse pour les masses que pour l'intérieur des familles, et que le vrai remède à y apporter est et a toujours été la pierre d'achoppement de tous les gouvernemens. Exposons en peu de mots le plan que nous avons adopté.

Nous présentons d'abord ce qui s'est passé dans la Grèce et à Rome, relativement aux écrivains dont les ouvrages et souvent la personne ont été proscrits. Nous disons ensuite un mot de quelques livres pour ou contre le christianisme, qui, dans les premiers siècles de l'ère vulgaire, ont été livrés aux flammes. Arrivé à l'époque du moyen âge, où l'on commence à entrevoir une faible lueur annonçant la renaissance des lettres, nous passons en revue les mesures prises depuis le treizième siècle, pour assurer à l'Université de Paris la surveillance sur le peu de livres et de libraires *(stationarii)* qui existaient alors. Nous suivons l'accroissement de ces mesures, en citant les statuts et réglemens publiés à diverses époques, et les faits qui y sont relatifs, jusqu'au milieu du quinzième siècle.

Ici la manifestation de la pensée va prendre un plus grand essor, grâce à une découverte, obscure dans le principe, mais dont l'éclat et les résultats étonnans ne tardèrent pas à changer la face de l'Europe. Nous voulons parler de la découverte de l'imprimerie, destinée à multiplier si promptement les produits du génie et de l'esprit, et à les répandre si rapidement dans toutes les classes de la société. Nous traitons sommairement de son origine et de son établissement en France. Passant à la réforme, aux guerres religieuses qui l'ont suivie, à la ligue, à la fronde, etc., nous faisons voir que la lutte établie entre les réformés et les catholiques, entre les ligueurs et les royalistes, entre les frondeurs et ceux de la cour, a forcé l'autorité, par les écrits passionnés et subversifs de tout ordre que cette lutte a fait naître, a forcé, dis-je, l'autorité à rendre plus sévères les mesures contre la liberté de la presse. Nous indiquons par ordre chronologique, non seulement les édits, arrêts, ordonnances, lettres-patentes, réglemens relatifs à la librairie et à l'imprimerie, mais encore les condamnations les plus remarquables de la plupart de ceux qui les ont enfreints (1). Quelle longue série de déplo-

---

(1) Il ne faut pas confondre cette partie de notre travail avec ce qui fait l'objet de notre *Dictionnaire critique, littéraire et bibliographique des livres condamnés au feu, supprimés ou censurés*. Paris, Renouard, 1816, 2 vol. in-8°. Dans ce Dictionnaire, nous parlons en général de presque toutes les condamnations qui ont eu lieu depuis le douzième siècle, pour toute espèce de délits littéraires, en fait de religion, de morale, de politique, etc., au lieu que dans le présent ouvrage nous n'avons en vue que ce qui regarde particulièrement les imprimeurs et les libraires ; et si nous rapportons quelques autres condamnations, c'est qu'elles nous ont paru tenir en quelque sorte à notre sujet.

Quant à notre *Dictionnaire des livres condamnés*, nous permettra-t-on de rapporter ici une petite anecdote qui y est relative? depuis long-temps l'édition en est épuisée, et il est assez rare en France. En voici la raison : En 1806

rables événemens! Plus on cherchait à réprimer les écarts de la presse par les lois les plus rigoureuses, par la violence des supplices, par la proscription des livres, confiée

---

nous avions cédé une bonne partie de l'édition (tirée à 1000) à M. L. F...., libraire à Paris; il trouva à placer sur-le-champ presque tous ces exemplaires dans le royaume de Naples; telle est la cause de la rareté de ce livre. Vers 1820, le Roi de Naples étant rentré dans ses États, on s'empressa de prendre les moyens d'y réprimer la liberté de la presse. Nous avons été fort surpris de trouver à ce sujet, dans un de nos journaux de France, du 27 juin 1821, l'article suivant : « M. Peignot va exercer à Naples la fonction de cen-
« seur, non en personne, mais à l'aide de celui de ses ou-
« vrages qui est le meilleur à notre avis, son *Dictionnaire*
« *critique.... des livres condamnés....* etc. Le Roi des Deux-
« Siciles, qui a chargé la commission d'instruction publique
« de faire un nouvel *index* des productions qui, à Naples,
« méritent le feu, a ordonné qu'elle prît pour guides l'*index*
« de la cour de Rome et le *Dictionnaire* de M. Peignot. Avec
« le premier, la commission aura une liste aussi sèche qu'im-
« mense des livres qu'elle proscrira; dans l'autre, au moins,
« elle pourra lire les passages qui ont motivé la condamna-
« tion. »

Nous n'avons jamais ouï parler de ce fait que par cet article.

à la main du bourreau, plus les têtes de l'hydre de la licence renaissant à chaque instant se dressaient avec jactance, et s'élançaient avec fureur contre l'autorité; plus on tapissait les rues et les imprimeries légales d'édits comminatoires, plus il s'élevait de presses clandestines qui en affrontaient la rigueur. Aussi avons-nous consacré quelques pages à des observations sur la difficulté, pour ne pas dire l'impossibilité, de faire sur la liberté de la presse une loi qui, par sa sagesse et sa facile exécution, eût l'assentiment général, et produisît l'effet désiré.

Nous avons aussi parlé, dans le cours de notre travail, de l'origine des approbations de livres, des priviléges, de la censure, des *index*, etc.

L'une des mesures employées jadis pour faciliter la surveillance de la presse, est celle qui a fixé le nombre des imprimeries dans chacune des villes de France susceptibles d'en posséder. Cette mesure remonte à 1622, 1686,

1688 et 1695 pour les plus grandes villes, et à 1704 et 1739 pour les autres. Nous avons rédigé à cet égard un tableau absolument neuf, et qui présente d'abord la nomenclature et la population de trois cent cinquante-cinq villes de France, puis le nombre d'imprimeries que deux cent quatre-vingt-neuf d'entre elles ont possédées chacune en 1704, 1739, 1810, et qu'elles possédaient encore en 1830; on y voit aussi le nombre de librairies dans cette dernière année. Les villes qui ne possèdent que des librairies sans imprimeries sont au nombre de soixante-quatorze.

A la suite de ce tableau, nous donnons une chronologie des lois, décrets, ordonnances et réglemens, qui ont été publiés sur la liberté de la presse, depuis le commencement de la révolution française jusqu'à l'époque actuelle, afin de compléter, autant qu'il est possible, notre Essai historique, c'est-à-dire les détails des rapports qui ont existé dans tous les temps entre l'autorité et les écrivains, les libraires, les imprimeurs, etc.

C'est par là que nous terminons notre travail. Quoique resserré dans un cadre fort étroit, il n'en renferme pas moins tous les principaux détails relatifs à l'histoire de la liberté d'écrire, et aux moyens que les gouvernemens n'ont cessé d'employer pour la restreindre. Nous avons tâché de diminuer l'aridité inhérente à un pareil sujet, en y rattachant des anecdotes singulières peu connues, des notes bibliographiques, des particularités historico-littéraires, et des observations empruntées à nos meilleurs écrivains. C'était le seul moyen de répandre un peu de variété dans un sujet intéressant par lui-même, mais qui sans doute le devient encore davantage, si l'on peut parvenir à fixer l'attention du lecteur sans le fatiguer.

TABLE

DES DIVISIONS DE L'OUVRAGE.

Préliminaire.............................. *Page* v

I. De la liberté d'écrire chez les anciens et dans le moyen âge.................................... 1

II. De l'origine de l'imprimerie, et de son établissement en France................................ 29

III. Notice chronologique des principaux moyens de répression, et des actes de l'autorité, relatifs à l'imprimerie et à la librairie, dans le but de restreindre la liberté de la presse......................... 44

IV. Digression sur l'établissement de la censure, telle qu'elle a existé jusqu'en 1789.................. 76

V. De la difficulté de faire une loi qui maintienne la liberté de la presse dans de justes limites........ 95

VI. De la fixation du nombre d'imprimeries légalement

établies dans chaque ville de France susceptible d'en posséder........................... *Page* 116

TABLEAU du nombre des imprimeries en France, tel qu'il a été fixé pour chaque ville à diverses époques, conformément aux arrêts du Conseil, de 1704, de 1739, et au décret de 1810, avec l'état numérique des imprimeurs et des libraires en 1830..... 127

VII. Chronologie des lois, décrets et ordonnances concernant la liberté de la presse, l'imprimerie et la librairie, depuis 1789, jusqu'à 1831......... 145

TABLE ANALYTIQUE DES MATIÈRES............... 203

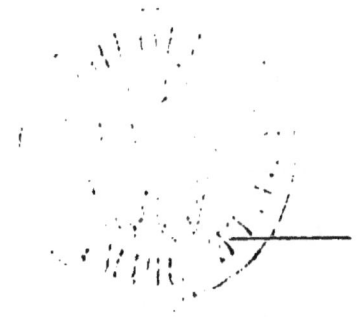

ESSAI HISTORIQUE
SUR LA LIBERTÉ D'ÉCRIRE
CHEZ LES ANCIENS,
ET
SUR LA LIBERTÉ DE LA PRESSE
CHEZ LES MODERNES.

I.

DE LA LIBERTÉ D'ÉCRIRE CHEZ LES ANCIENS, ET DANS LE MOYEN AGE.

Beaucoup de personnes peu versées dans l'histoire littéraire, et entendant continuellement parler de la liberté de la presse, pourraient croire que les restrictions mises à cette liberté, ou plutôt à la liberté d'écrire, appartiennent aux temps modernes, et ne datent que de l'invention de l'imprimerie; elles seraient dans une grande erreur. Plusieurs siècles avant cette invention, et même avant l'ère vulgaire, la liberté de manifester sa pensée par écrit d'une manière plus ou moins hardie, avait déjà fixé l'attention des gouvernemens; et si chez les peuples anciens il n'existait pas toujours comme chez nous des lois positives, permanentes et spéciales sur cet objet, les magistrats chargés du maintien de l'ordre public n'en exerçaient pas moins des poursuites légales toutes les fois qu'une circonstance fortuite exigeait un moyen de répression contre un écrivain dont l'opinion ou les ouvrages paraissaient dangereux. C'est ce que nous allons prouver par plusieurs faits que l'histoire nous a transmis.

Chez les Grecs, peuple léger, mais superstitieux, nous ne trouvons d'exemples de répression, c'est-à-dire de punition en fait de délit littéraire, que pour cause d'impiété; les Grecs, tout en se moquant de leurs dieux, y tenaient beaucoup: et malheur à celui qui révoquait en doute l'existence de ces êtres fantastiques, fruits de leur brillante imagination, ou qui essayait de les réduire à un seul dominateur et modérateur de l'univers!

Diagoras de Mélos, philosophe éléatique, qui

vivait dans le cinquième siècle avant Jésus-Christ, s'avisa de nier l'existence des dieux; aussitôt une accusation est portée contre lui : il prend la fuite; ses ouvrages sont proscrits; on promet des récompenses à ceux qui le livreront mort ou vif, et le décret qui le déclare infâme est gravé sur une colonne de bronze.

Un autre philosophe de la même secte, Protagoras d'Abdère, ayant commencé un de ses ouvrages par ces mots : « Je ne sais s'il y a des dieux ou s'il n'y en a point, » fut poursuivi criminellement. Un décret ordonna la recherche et la saisie de ses écrits dans les maisons des particuliers; ils furent brûlés sur la place publique, et l'auteur chassé de sa patrie comme une peste publique.

Le rhéteur Prodicus de Cos, à peu près du même temps, fut condamné à mort, et but la ciguë, pour avoir dit, dans un de ses livres, que les hommes avaient mis au rang des dieux les objets dont ils retiraient quelque utilité, comme le soleil, les bois, les fontaines, etc.

Anaxagore, qui passe pour l'un des philosophes les plus religieux, fut aussi accusé de nier les dieux. L'imputation était injuste, et cependant il n'échappa à la condamnation que par le crédit et l'éloquence de Périclès.

Nous pourrions encore citer Socrate, qui a succombé sous une accusation du même genre; Alcibiade, Aspasie elle-même, qui ont couru de grands dangers, et plusieurs autres : mais ils n'ont point écrit; et nous avons principalement en vue les ouvrages condamnés.

Antiochus Épiphanes, dans le troisième siècle avant Jésus-Christ, fit brûler les livres des Juifs.

Chez les Romains, un article de la loi des douze Tables applique la peine capitale aux auteurs de libelles diffamatoires. Cette loi a été plusieurs fois renouvelée.

Dans le cinquième siècle avant Jésus-Christ, le duumvir Atilius, chargé, par sa place, des livres sibyllins, fut puni de la peine des parricides, pour en avoir laissé prendre une copie à Pétronius Sabinus.

L'an 272 avant Jésus-Christ, les livres de Numa furent retrouvés dans son tombeau : on les lut; mais comme on s'aperçut qu'ils contenaient des choses qui n'étaient plus en harmonie avec la religion du moment, le sénat ordonna qu'ils fussent brûlés.

Nævius, le second des poètes dramatiques à Rome, qui mourut vers 203 avant Jésus-Christ, s'avisa dans ses pièces d'imiter la licence d'Aristophane, et de traduire sur la scène les chefs du gouvernement : la fierté romaine ne goûta point cette liberté; ses comédies furent proscrites, et il fut banni de Rome.

L'an 7 de Jésus-Christ, le plus fécond, le plus spirituel des poètes latins, Ovide, est envoyé par Auguste en exil à Tomes, sur le Pont-Euxin, sous le prétexte d'avoir composé son poème licencieux de l'*Art d'aimer;* mais on attribue son malheur à d'autres causes, sur lesquelles les avis sont partagés. Il est mort dans son exil, l'an 17 de Jésus-Christ, âgé de soixante ans.

Auguste, deux ans avant sa mort, l'an 12 de Jésus-Christ, déclare par un édit les auteurs de libelles et écrits satiriques, coupables de haute-trahison, et punissables de mort. Il ordonne aux édiles à Rome, et aux gouverneurs dans les provinces, de faire des perquisitions exactes de ces sortes d'ouvrages, de les livrer aux flammes, et d'en punir les auteurs selon la loi.

Quatre ans auparavant, l'an 8 de Jésus-Christ, il avait condamné à l'exil, dans l'île de Crète, Cassius Séverus, grand satirique, homme malfaisant, et il avait fait jeter au feu ses écrits mordans. Comme ce Cassius, chien hargneux, selon l'expression d'Horace (liv. V, ode VI), continua ses médisances et ses calomnies sous Tibère, celui-ci le dépouilla de ses biens, lui interdit l'eau et le feu, puis le condamna à vieillir sur le rocher de Sériphe, etc. (TACITE, Ann. IV, 21.) Ce malheureux passa vingt-cinq ans de son exil dans une telle détresse, qu'Eusèbe nous raconte qu'il avait à peine de quoi couvrir sa nudité, *vix panno verenda contextus.*

Titus Labiénus, orateur et historien, qui vivait à peu près dans le même temps que Cassius, hasarda dans ses écrits historiques des principes hardis et séditieux. Le sénat condamna au feu tous ses ouvrages; ils furent brûlés dans le Forum. Labiénus, ne pouvant survivre à cet affront, se tua dans le tombeau de ses ancêtres.

Auguste renouvela aussi les anciennes lois contre les astrologues, et ordonna qu'on livrât aux flammes tous les ouvrages relatifs à cette science futile. Leurs auteurs furent bannis de l'Italie.

Sous Tibère, Crémutius Cordus, historien célèbre, est accusé et convaincu, l'an 25 de Jésus-Christ, d'avoir fait l'éloge de Brutus dans ses *Annales*. Ce crime, impardonnable aux yeux du farouche empereur et de ses courtisans, fait présager à l'auteur le sort qui l'attend. Il se laisse mourir de faim pour éviter la vengeance du tyran, ou plutôt de Séjan, son digne ministre. Mais ses livres sont brûlés sur la place publique, à Rome, et ce n'est que secrètement qu'on ose en lire quelques copies échappées au bûcher par les soins de sa fille Marcia. Par la suite ils devinrent publics (1). (*Voyez* Séneq., *Consolation à Marcia*, ch. 1.)

Dans les commencemens du règne de Caligula, ce prince, qui se montrait encore le fils de Germanicus, fit rechercher les ouvrages de ceux dont nous venons de parler, c'est-à-dire de Cassius Séverus, de Titus Labiénus et de Crémutius Cordus, et ordonna qu'on les publiât de nouveau, disant qu'il était intéressé à ce que tous les faits historiques sans distinction fussent transmis fidèlement à la postérité. (*Voyez* Suétone, *Vie de Caligula*, 16.) Des sentimens si généreux ne furent pas de longue durée chez ce jeune écervelé.

---

(1) Il ne nous en est resté aucun, si ce n'est quelques lignes que l'on trouve dans les *Suasoria* de Sénèque le père. Mais ces légers fragmens ne suffisent pas pour faire juger de l'éloquence de Crémutius Cordus.

Le préteur Antistius avait composé des satires assez piquantes contre Néron. A quoi devait s'attendre l'auteur, après une telle témérité? à la mort, dira-t-on; nullement. Néron, dont la férocité sommeillait quelquefois, laissa le sénat libre d'absoudre Antistius; mais celui-ci fut condamné par ce sénat courtisan au bannissement et à la confiscation de ses biens. Ses satires furent brûlées publiquement.

Dans le même temps, Fabricius de Veïento publia beaucoup de libelles contre les sénateurs et contre les prêtres de Cybèle à Rome. Néron le condamna seulement au bannissement, et ses livres furent livrés aux flammes. Cela fit rechercher ses satires; on les lut d'abord avec avidité, tant qu'il y eut du danger à le faire; mais dès qu'il fut permis de les avoir, on ne s'en soucia plus. Une chose assez remarquable, c'est que Néron, si ombrageux, si prodigue de cruautés en tous genres, fut toujours très modéré quand il était question de punir les auteurs d'écrits ou d'actions satiriques dirigés contre lui. Un cynique le railla en pleine rue, un comédien le joua sur la scène : l'un et l'autre en furent quittes pour le bannissement. Les successeurs de Néron n'imitèrent pas toujours sa modération, surtout Domitien.

En 303, Dioclétien et ses collègues Maximien Hercule et Maximien Galère, rendent un édit qui porte, entre autres choses, que toutes les églises des chrétiens seront rasées, et les livres saints détruits par le feu. Aussitôt cet édit s'exécute ; des commissaires actifs font les perquisitions les plus rigoureuses chez les chrétiens, soit prêtres, soit laïques, et les obligent à leur remettre tous les livres relatifs à la religion pour les brûler. De toutes parts la flamme dévore ces antiques monumens de la foi.

En 321, un concile d'Alexandrie, tenu par saint Alexandre, à la tête de cent évêques d'Égypte, condamne pour la seconde fois Arius et ses sectateurs, qui soutenaient qu'il y avait un temps où le Fils (Jésus-Christ) n'avait point été, et que par conséquent il n'était point parfaitement dieu. Les ouvrages d'Arius furent jetés publiquement au feu.

En 388, Théodose-le-Grand proscrit les ouvrages de Porphyre contre les chrétiens, et les fait brûler.

Dans un concile de Rome, tenu sous le pape Gélase Ier, en 496 (et non 494), on dresse un catalogue des livres canoniques de la Bible, des quatre premiers conciles généraux, etc., et on y ajoute la liste des apocryphes, c'est-à-dire des livres dont la lecture n'était pas permise ; on peut donc dire que ce catalogue est le premier *index* connu.

On prétend que vers 595 Grégoire-le-Grand, en haine du paganisme, a condamné et fait brûler à Rome la bibliothèque palatine formée par Auguste, et qui renfermait les chefs-d'œuvre de la littérature latine. Mais ce reproche n'est fondé que sur un seul passage du *Polycraticus* de Sarisbéry, moine du douzième siècle.

En 642 la ville d'Alexandrie ayant été prise

par les Sarrasins, on sait quel fut le sort de la fameuse bibliothéque des Ptolémées, condamnée à être détruite par le barbare et terrible Omar. Pendant six mois on en chauffa, dit-on, les bains d'Alexandrie. Ce fait, qui n'est rapporté que par un écrivain du treizième siècle (Abulpharage), est révoqué en doute par quelques modernes, entre autres par M. de Sainte-Croix, qui établit que les plus anciennes et les plus considérables des bibliothéques d'Alexandrie (au nombre de quatre) n'existaient plus au-delà du quatrième siècle. (*Voyez* le *Magasin encyclopédique,* 5e année, t. IV, p. 433-437.)

Passons à des temps moins reculés et à des contrées qui nous touchent de plus près. Nous allons voir que, malgré la barbarie et l'ignorance qui régnaient encore, plus de cinq cents ans après la dernière époque que nous venons de citer, l'autorité cherchait déjà à resserrer la liberté d'écrire dans certaines bornes par le moyen d'une espèce de censure.

C'est ici que, pour notre pays et pour les temps qui suivront, va commencer l'histoire de cette liberté d'écrire. Nécessairement elle se confondra avec l'histoire de la librairie; car, en France, les libraires, agens intermédiaires entre les auteurs et le public, ont presque toujours été astreints à ne vendre que des livres qui auraient été revus et approuvés par les délégués de l'autorité, et comme les réglemens, statuts et ordonnances sur la librairie, ont toujours eu pour but de maintenir les libraires dans cette sujétion, on peut dire que l'histoire de ces réglemens et des faits qui y sont relatifs, forme véritablement l'histoire de la liberté d'écrire. Les détails dans lesquels nous entrerons, depuis le douzième siècle jusqu'à nos jours, tant pour la librairie que postérieurement pour l'imprimerie, en fourniront la preuve continuelle. Ce n'est pas que le douzième siècle nous offre quelque chose de bien positif sur la liberté d'écrire, si ce n'est la condamnation au feu des livres d'Abeilard en 1141, et de ceux d'Arnaud de Bresse en 1145; mais il est un fait qu'il est bon de mentionner, c'est qu'il existait déjà des libraires à Paris; car Pierre de Blois, qui vivait dans ce siècle, parle d'un livre de droit qu'il s'était procuré *à quodam publico mangone librorum.* Nous ne trouvons encore aucun statut relatif à la librairie, ni dans le douzième siècle, ni dans une bonne partie du treizième. Ce n'est qu'en 1275 qu'une ordonnance de Philippe-le-Hardi place les libraires de Paris sous la surveillance de l'Université, tant pour empêcher les mauvais livres que pour éviter la circulation des copies fautives des livres, ou plutôt des cahiers classiques. (1)

Par suite de cette ordonnance, l'Université

---

(1) Les livres étaient fort rares dans ce temps-là, et d'une cherté excessive; l'avidité du gain multipliait sans doute des copies faites rapidement, et par conséquent peu correctes.

Parmi l'immense quantité de clercs et d'écoliers qui fréquentaient l'Université, la plupart étaient pauvres. C'est en leur faveur qu'Étienne de Cantorbéry, par son testament, daté de 1271, disposa de ses livres de théologie. Il ordonna que cette partie de sa bibliothèque serait remise au chancelier de l'église de Paris, qui était bibliothécaire du chapitre, pour être prêtés aux pauvres écoliers. L'acte par lequel ces livres furent remis, en 1271, à Jean d'Orléans, chancelier de Notre-Dame, en contient l'inventaire. Ils consistaient presque tous en différentes parties de la Bible, avec gloses. Deux seuls ouvrages de scolastique (les quatre livres des *Sentences* de Pierre Lombard, et la *Somme théologique des vices*) achèvent ce catalogue.

publia, le 8 décembre de la même année 1275, un statut par lequel elle obligea les libraires de Paris à lui prêter serment de se bien comporter dans l'exercice de leur emploi; et ce serment devait se renouveler tous les ans, ou au moins tous les deux ans. Par le même statut, il leur est en outre défendu d'acheter pour leur compte les livres qui leur seront remis pour être vendus, s'il ne s'est écoulé un mois depuis qu'ils les auront reçus. Ils les exposeront sur-le-champ en vente, affichant le titre du livre et le prix; ce prix sera payé non au libraire, mais au propriétaire. Le droit du libraire sera de quatre deniers par livre du prix total. Les libraires convaincus de quelque fraude seront destitués de leur office, et défense à tous maîtres et écoliers de faire aucun marché avec eux.

En 1302 les libraires prêtent serment à l'Université, suivant la forme qui leur est prescrite, et jurent l'observation des lois qu'elle leur impose relativement à leur commerce.

En 1303 des députés de l'Université taxent le prix d'un certain nombre de livres.

En 1314 un libraire prête entre les mains du recteur, en présence de plusieurs maîtres de l'Université, le serment prescrit à ceux de sa profession.

Malgré toutes ces précautions, les libraires se livrèrent dans leur commerce à des fraudes et à des malversations que l'Université crut devoir réprimer par un statut plus général et plus important que ceux qu'elle avait publiés jusqu'alors; en conséquence, en 1323, elle donna le statut suivant : D'abord elle y établit que quiconque aspire à l'état et office de libraire doit être de bonne réputation, et suffisamment instruit dans ce qui regarde la valeur et le prix des livres; qu'il fournira une caution de cent francs pour répondre des ouvrages qui lui seront confiés, et enfin qu'il prêtera serment à l'Université. Le commerce de la librairie consistait alors non seulement à vendre des livres, mais encore à les prêter à louage (1); et, sous ce double rapport,

---

(1) Ce louage ne s'appliquait guère qu'à quelques livres ou cahiers de scolastique, à quelques gloses sur des

les libraires furent astreints à des conditions assez gênantes, qui prouvent en même temps de quelle autorité jouissait l'Université, et quelle était la rareté des livres. Un libraire n'avait pas le droit d'aliéner aucun exemplaire sans en avoir préalablement donné avis à l'Université assemblée, « Afin, est-il dit, qu'il soit pris des me-
« sures pour, d'une part, ne point empêcher le
« gain du libraire, et, de l'autre, faire en sorte
« que l'Université ne soit point privée de l'usage
« d'un exemplaire qui peut lui être utile. » Le

---

parties de l'Écriture Sainte, que les libraires faisaient copier ou qu'ils achetaient de hasard pour les louer aux écoliers. Ces cahiers devaient être fort rares, soit à raison de la difficulté de se procurer la matière première (le parchemin, etc.), soit à raison du petit nombre d'écrivains copistes; et si un libraire (*stationarius*, entreposeur, c'est ainsi que se nommaient alors ceux qui faisaient le commerce des livres), si un libraire, dis-je, possédait une cinquantaine de manuscrits passables, il devait être sans doute regardé comme le mieux fourni de la capitale. Il n'y avait point alors de magasin de librairie, point de cabinet de lecture. L'établissement de ces cabinets pour le louage des livres est très moderne. Le premier ouvert à Paris, date de 1740.

prix du louage de chaque livre était taxé, et défense d'outre-passer cette taxe. Un libraire ne pouvait refuser à un maître ou à un écolier tout exemplaire qu'il lui demandait, pour le transcrire; mais l'emprunteur devait donner un gage, et en outre un salaire fixé par l'Université. Il n'y avait alors que des manuscrits, et les manuscrits sont sujets à bien des fautes de copistes. L'Université prend à cet égard beaucoup de précautions; elle défend aux libraires de louer aucun exemplaire qui n'ait été corrigé par son autorité, et elle veut que le recteur fasse publier dans les écoles, que, si quelqu'un trouve des exemplaires corrompus, il les apporte et les présente publiquement au recteur, afin qu'ils soient corrigés ou détruits, et le libraire qui les aura loués sera puni. Quant à la taxe, confiée en 1303 à des maîtres de l'Université, elle le sera dorénavant à quatre libraires jurés, renouvelés tous les ans par le recteur. Les libraires prêteront serment d'observer le présent réglement, et même de révéler et de dénoncer ceux qu'ils sauront y contrevenir. En effet, le serment fut prêté à l'instant par vingt-huit libraires, parmi lesquels se trouvent deux femmes, qui, les uns et les autres, furent inscrits au statut ; et en conséquence l'Université les reçut en ces termes remarquables : « Nous avons admis avec bonté à l'exercice « des susdits offices, tous et chacun de nosdits « jurés ; voulons qu'eux tous et chacun d'eux, « comme nos fidèles, jouissent de nos privi- « léges, libertés et franchises, suivant droit et « raison, et les mettons par ces présentes sous « notre protection. »

On voit encore par le même acte de 1323, qu'outre les libraires-jurés, il y avait des particuliers qui se mêlaient du commerce des livres, sans avoir prêté serment à l'Université. Les quatre principaux libraires sont chargés d'en faire la recherche, et d'exiger d'eux des gages qu'ils présenteront à l'Université. On n'interdit pas à ces particuliers tout commerce de librairie, mais on les restreint dans des bornes fort étroites ; il leur est défendu de vendre aucun livre dont la valeur excède dix sous. L'Université les réduit à la simple condition d'étaleurs sans boutique et sans siége ; c'est ce que nous appelons aujourd'hui *bouquinistes*.

Tel est en substance le statut de 1323; il fut renouvelé, dix-neuf ans après, en 1342, avec quelques légères différences, puis en 1405.

Il résulte de tous ces statuts, et d'autres qu'il serait trop long de détailler, un point essentiel ; c'est que les *escrivains de livres*, comme il y est dit, n'en pouvaient communiquer aucun, soit par vente soit par louage, qu'il n'ait été préalablement examiné, corrigé et approuvé par l'une des facultés de l'Université (1). Il est vrai qu'on ne mentionnait point alors sur les manuscrits le *permis de vendre et de louer* (2); mais on n'en

---

(1) « Les livres ne pouvaient être exposés en vente « qu'après que l'exactitude de chaque copie avait été cer- « tifiée par les docteurs de la faculté, que concernaient les « matières qui s'y trouvaient traitées. » (*Voy.* Dubreul, *Antiquités de Paris*, p. 118.)

(2) Et même ce n'est pas en France qu'a été publié le premier livre imprimé, sur lequel on trouve des traces de correction et d'approbation. Ce livre est Petri Nigri *tractatus contra perfidiam Judæorum*. Esslingen, Conrad. Fyner, 1475, *in-fol*. Il porte qu'il a été corrigé et approuvé par l'évêque de Ratisbonne, Henri III d'Absperg, qui fut élu évêque en 1465. C'est dans ce même volume que l'on trouve pour la première fois des passages imprimés en caractères hébraïques.

exerçait pas moins une sévère surveillance sur tous les livres qui, dans ce temps-là, il faut en convenir, étaient fort rares (1). Les libraires-jurés de l'Université, gens ordinairement assez instruits, qu'on nommait clercs-libraires, et dont le commerce consistait principalement à

---

(1) Disons pourtant que vers le milieu du quatorzième siècle, où commença à se manifester un certain zèle pour la restauration de la littérature ancienne, la transcription des livres, exécutée précédemment avec lenteur dans les monastères, devint une branche de commerce qui prit un certain accroissement.

Tous les grands monastères avaient chacun une chambre appelée *scriptorium*, où travaillaient les copistes réunis. Les élèves qui étudiaient dans ces monastères ne payaient pas leurs maîtres en argent; ils leur donnaient, chacun, deux volumes par an pour leurs honoraires; et c'était de ces dons obligés que se formaient les bibliothèques dont quelques abbayes se trouvaient pourvues.

Dès le treizième siècle, beaucoup de gens, dans les universités d'Italie, s'occupaient exclusivement à copier des livres. On prétend qu'à la fin de ce siècle il y avait à Milan cinquante copistes. (*Voy.* sur les manuscrits et sur les bibliothèques qui existaient avant l'invention de l'imprimerie, une note qui se trouve p. 60-61, dans notre CATALOGUE *d'une partie des livres composant l'ancienne bibliothèque des ducs de Bourgogne.* Paris, 1830, *in-8.*

faire transcrire les manuscrits, étaient donc obligés d'en apporter les copies aux députés de la faculté que concernait la nature des ouvrages, afin que ces députés les revissent et les approuvassent avant qu'on en affichât la vente. Cela est prouvé non seulement par les statuts dont nous avons parlé, mais par un contrat passé en 1332 par-devant notaire, dans lequel le nommé Geoffroi de Saint-Léger, qualifié clerc-libraire, déclare qu'après avoir rempli les formalités prescrites, il a vendu, cédé et transporté, sous l'hypothèque de tous ses biens, un livre intitulé Speculum *historiale in consuetudines parisienses*, divisé et relié en quatre tomes couverts de cuir rouge, à noble homme Messire Gerard de Montagu, avocat du Roy au Parlement, pour la somme de quarante livres parisis (1), dont ledit libraire se tient pour content et bien payé.

---

(1) Le marc d'or était alors (en 1332) à 39 liv., et le marc d'argent à 2 liv. 17 s. 6 den. Maintenant (en 1831), le marc d'or est à 775 fr., et le marc d'argent à 54 fr. 50 cent. On voit quelle somme énorme feraient dans notre monnaie actuelle ces quarante livres parisis. La livre parisis était moins forte que la livre tournois. (*Voy.* sur la rareté

Les formalités en question, c'est-à-dire cette censure, pouvaient fort bien s'exercer à Paris, où les libraires, peu nombreux, existaient en confrérie, appelée depuis communauté (1), et

---

et la cherté des livres au moyen âge, notre *Essai de curiosités bibliographiques*, Paris, Renouard, 1804, *in*-8. PRÉFACE, p. V-XVI.

(1) Chaque membre de la confrérie, c'est-à-dire chaque libraire, était obligé de payer un droit pour l'ouverture de sa boutique. On connaît une ordonnance de Louis XI, rendue au mois de juin 1467 (trois ans avant que l'art de l'imprimerie fût exercé à Paris), qui porte :
« Il sera fait une levée de quatre sols parisis (outre et
« par-dessus les douze deniers parisis) sur ceux qui seront
« dorénavant créés libraires, escrivains, enlumineurs, re-
« lieurs de livres et parcheminiers; sur ceux qui voudront
« tenir *ouvroir* (boutique) avant qu'ils puissent tenir icelui,
« et qu'ils soient en ladite confrérie, vingt-quatre sols
« parisis; sur les nouveaux apprentifs, huit sols parisis; et
« sur chaque homme et ouvrier desdits états, douze deniers
« par semaine; pour lesdites sommes être employées au
« service de ladite confrérie, et aux dépenses et affaires
« d'iceux confrères. »
Cette ordonnance prouve que la communauté des libraires était sous la main du gouvernement; mais elle était encore plus spécialement sous celle de l'Université quant à la surveillance morale et scolastique.

où l'Université, toute puissante alors, avait les yeux continuellement ouverts sur ces libraires, sur ses écoliers, et sur quelques particuliers clair-semés, qui possédaient quelques volumes, trésor très précieux pour le temps; mais dans les provinces où les livres étaient beaucoup plus rares que dans la capitale, il n'était pas aussi facile, et peut-être pas aussi nécessaire d'exercer une grande surveillance. Cependant s'il arrivait qu'on découvrît quelque ouvrage renfermant des choses répréhensibles, inconvenantes ou suspectes d'hérésie ou de magie, l'autorité ne faisait aucune difficulté de procéder contre le livre coupable. Par exemple, on trouve dans une vieille *chronique de Metz*, qu'un livre assez hardi pour le temps, fut condamné par ordre du pape; et on n'en sera pas surpris en voyant, dans le propre passage de la chronique, quel était le contenu de ce livre:

« En celuy temps (1328) furent condampnez
« du pape (Jean XXII) deux clercs qui avoient
« composé ung liure plain de mauuais erreurs
« en huit liures. Ils s'efforçoient de prouuer que
« l'empereur pouuoit corrigiere, mettre et des-

« poser le pape selon sa voulenté, et que les biens
« de l'esglise sont à la voulenté de l'empereur
« du tout. » Les deux clercs en question étaient
des cordeliers animés contre le pape qui avait
censuré quelques-unes de leurs opinions sur la
propriété de leurs biens temporels (1). En fallait-
il davantage pour que ce livre fût anathématisé?

J'ai découvert un autre exemple d'une condamnation de livre au xve siècle dans les archives
de Bourgogne. L'acte m'a été communiqué par
l'archiviste, M. Bourdot, qui réunit à beaucoup
d'instruction et d'érudition une grande obli-
geance. La pièce est assez curieuse pour être rap-
portée en entier. C'est à l'Hôtel-de-Ville de
Dijon que s'est fait l'holocauste du pauvre livre
accusé de magie.

« Le seizième jour d'aoust, l'an mil quatre

---

(1) Voy. l'*Histoire des sciences, des lettres, des arts et de la civilisation, dans le pays Messin, depuis les Gaulois jusqu'à nos jours,* par M. Em. Aug. Bégin, docteur en médecine, Metz, 1829, in-8. de xvi-612 pag. La citation est p. 279. L'ouvrage de M. Bégin est remarquable par beaucoup d'érudition.

« cent soixante et trois, a esté apporté par l'or-
« donnance de messeigneurs des comptes à Di-
« jon, aprèz ce qu'ils ont esté aduertiz en ceste
« chambre desdicts comptes, de la maison et
« hostel des veuve et héritiers de feu Thomas
« de Dampmartin, en son viuant, demourant
« audict Dijon, ung liure en papier couuert d'une
« couuerture de cuir taint en vert auquel auoit
« en escript plusieurs mauluaises et faulces inuo-
« cations des Deables, sors, charoyes (1) et
« aultres choses d'ars magiques de très mauluais
« exemples et contre Dieu et la saincte foy
« chrestienne, auquel auoit en pourtraicture
« plusieurs personnages de Deables et aultres
« figures et karacteres détestables, et en la fin
« d'icelluy liure auoit plusieurs chappitres et ar-

---

(1) *Charoy* ou *charroye*, signifie charme, enchantement ; on entend aussi par ce mot les danses des sorciers au sabbat. Son origine provient du char du roi Artus, ou le char du diable, que les paysans et les gens crédules croyaient entendre passer la nuit dans les airs avec grand fracas. Voy. le *Glossaire de la langue romane*, par M. Roquefort, t. I, p. 240.

Borel, dans son *Dictionnaire du vieux français*, donne encore plus de détails à ce sujet au mot Charroye, que

« ticles de nigromance et de ciromancie, lequel
« liure a esté veu par messeigneurs du conseil
« et desdicts comptes; et aprez la vision d'icel-
« luy, par grande et meure délibération en la
« présence de Messire Jehan Bonvarlet, prestre
« corial de la chappelle de monseigneur le Duc
« (Philippe-le-Bon), à Dijon, doyen de Sainct-
« Seigne (Saint-Seine), vicaire et scelleur de ré-
« vérand père en Dieu, monseigneur l'éuesque
« de Langres, au lieu dudict Dijon, maistres
« Jehan de Molesmes, secrétaire de mondict
« sieur le duc, Aymé d'Eschenon, mayeur de
« la ville et commune de Dijon, Jehan Robus-
« tel, procureur d'icelle ville; Aymé Barjod,
« procureur de mondisseigneur au bailliage de

M. Roquefort; et il finit par applaudir à ces vers tirés du *Roman de la Rose* :

> Mais garde que ne soit si sotte,
> Pour riens que clerc ne lay luy notte,
> Que ja riens d'enchantement croye,
> Ne sorcerie ne *charroye*,
> Ne Helenus, ne sa science,
> Ne magique, ne nigromance.

Par la *science d'Helenus*, l'auteur entend les danses des sorcières au sabbat, avec Helenus.

« Dijon et de plusieurs aultres, a esté ledict li-
« ure mis et bouté au feu, et de tout ars, bruslé
« et mis en cendre au despit et à la confusion
« des mauluais ennemis, et afin que jamais en
« ne s'en peust aydier en quelque manière. »

On voit par cet acte, que déjà, au quinzième siècle, on brûlait les livres, même en province. Mais ces sortes d'exécutions n'étaient pas nouvelles, et on pourrait citer une infinité d'exemples d'ouvrages, et parfois quelque chose de pire, livrés aux flammes antérieurement, tels que les livres d'Abeilard, brûlés en 1141, par ordre du pape Innocent II; ceux d'Arnaud de Bresse, brûlés avec l'auteur en 1155; ceux d'Amaury de Chartres, brûlés en 1215; l'Évangile éternel, brûlé à Rome en 1250; ceux de Marguerite de *Hœnonnia*, dite Perrette (précurseur de madame Guyon), brûlés en 1310; ceux de Lollard Waltero (ou Gauthier), brûlés avec l'auteur en 1322; ceux de Jean Huss, brûlés au concile de Constance en 1414, et lui-même en 1415; ceux de Jérôme de Prague, son disciple, brûlés avec lui en 1416, etc., etc., etc., cela prouve que la liberté d'écrire a eu ses dangers dans ces anciens temps, comme la liberté de la presse a eu les siens depuis le quinzième siècle. Arrivons à cette époque.

II.

DE L'ORIGINE DE L'IMPRIMERIE,
ET DE SON ÉTABLISSEMENT EN FRANCE.

La découverte de J. Guttemberg de Mayence, dont les premiers essais faibles, obscurs, incertains, datent de 1430 à 1440 (1), ne tarda pas,

---

(1) Nous ne pensons pas qu'il existe de vestiges de ces premiers essais : on parle bien d'un *Alphabet* gravé sur une planche, d'un *Alexandri galli doctrinale*, d'un *Petri Hispani tractatus logicales*, d'un *Donati grammatica*, comme étant les premiers ouvrages imprimés à Mayence ; mais où sont-ils ? qui les a vus ? Les deux ou trois planches du *Donati*, gravées en bois, et que l'on conserve comme des reliques, appartenaient-elles au *Donati grammatica* mentionné plus haut ? La signature C, qui se trouve au bas de l'une d'elles, nous fait présumer que ces planches, quoiqu'en bois, peuvent être postérieures à Guttemberg.

On croit que c'est entre 1450 et 1455 qu'ont dû paraître les premiers monumens typographiques en caractères mo-

grâce au génie de Schoyffer, domestique, gendre, puis associé de J. Fust ou Faust, associé lui-même de Guttemberg, ne tarda pas, dis-je, à atteindre un certain degré de perfection, et à prendre une consistance et un développement qui, par la facilité de communiquer la pensée, en multipliant à l'instant les copies d'un livre (1),

---

biles. Le premier de ces monumens portant date (je ne parle pas de la fameuse *Bible* sans date) serait : *Nicolai V, Pont. Max. litteræ indulgentiarum pro regno Cypri; datum Erffurdie* A. D., 1454, *die verò nov.*, in-fol. Il y en a aussi une édition de 1455; mais la date de 1454, qui est celle de la délivrance des indulgences, est-elle bien celle de l'impression? On a découvert un autre monument dont la date paraît plus certaine; c'est un Calendrier pour l'année 1457, et qui, par conséquent, doit avoir été imprimé en 1456. On a parlé en 1807 de la découverte, à Munich, d'une pièce en vers allemands, imprimée en 1454 avec des caractères mobiles en bois; elle a pour titre : SOMMATION *à tous les états de la chrétienté de se mettre en campagne contre les Turcs*, in-4° de 9 pages. Cette pièce est-elle bien authentique? Quant au beau *Pseautier* de Schoyffer, de 1457, il est connu de tout le monde.

(1) Disons un mot de la différence qui existe entre le temps employé à copier un manuscrit qui restera unique, et le temps qu'il faudra pour obtenir par le moyen de la

changea bientôt la face de l'Europe. Ce bel art, dont le berceau est définitivement fixé à Mayence,

---

presse deux, trois, quatre mille copies ou exemplaires de ce même ouvrage. Il est vrai que pour composer à la casse sur un manuscrit, et ensuite mettre en pages, un ouvrier emploiera à peu près cinq fois plus de temps qu'il n'en a fallu à l'écrivain pour copier; mais le travail de la casse une fois terminé, et les formes disposées, avec quelle célérité la presse va multiplier les copies! Prouvons cette différence de temps par un exemple.

Il existait jadis, dans la bibliothéque des Célestins de Paris, un beau volume manuscrit des Canons *de Gratien*; celui qui l'a copié a noté qu'il avait employé vingt et un mois à le transcrire. Sur ce pied, pour faire trois mille copies à la main, du même volume, il faudrait cinq mille deux cent cinquante années à un seul homme, ou disons mieux, et cela revient au même, il faudrait dix-sept cent cinquante ans à trois hommes. Eh bien, par le moyen de l'imprimerie, ces trois mille exemplaires peuvent être terminés par ces trois hommes en moins d'un an. Les avantages de l'imprimerie sur la copie, pour la célérité, sont donc de 1750 contre 1.

Laurent Valla a fait à ce sujet le distique suivant:

> *Et quot vix toto quisquam præscriberet anno*
> *Munere germano conficit una dies.*

Un autre auteur a encore plus resserré cette pensée, en disant d'Udalricus Gallus, imprimeur en 1470:

> *Imprimit ille die quantum non scribitur anno.*

malgré les prétentions de Harlem et de Strasbourg, se répandit assez promptement dans les divers États de cette Europe la pépinière des sciences, des arts et de la littérature. Déjà en 1500, plus de deux cents villes ou localités avaient successivement reçu le bienfait de l'imprimerie; et Paris, dans l'ordre chronologique, est la dixième ville de l'Europe et la première de France, qui eut le bonheur de jouir de ce bienfait (1). Trois imprimeurs allemands, Mar-

---

(1) Les neuf villes qui l'ont précédée, sont : Mayence, vers 1450, ou plutôt de 1445 à 1450; Bamberg, en 1461; Subiacco, en 1465; Rome, en 1467; Esfeld, en 1467, Cologne, en 1467; Ausbourg, en 1468; Venise, en 1469, et Milan, en 1469. Nuremberg, Foligno, Trévi, Vérone, sont de la même année (1470) que Paris, en partant de la date du premier monument typographique sorti de leurs presses.

Quant aux villes de France qui, après Paris, ont reçu l'art de l'imprimerie dans le quinzième siècle, nous trouvons Strasbourg, en 1471; Lyon, en 1473; Angers, en 1477; Chablis, en 1478; Poitiers, en 1479; Caen, en 1480, Saint-Alban, en 1480; Vienne, en 1481; Metz, en 1482; Troyes, en 1483; Rennes, en 1484; Bréand-Loudéhac, en 1484; Abbeville, en 1486; Besançon, en 1487; Rouen, en 1487; Cluny, en 1490; Orléans, en 1490; Dijon, en 1491;

tin Krantz, Michel Friburger et Ulric Gering, y furent attirés en 1469, par maître Jean de la Pierre, prieur de Sorbonne; et le premier ouvrage sorti de leurs presses, établies dans la maison même de Sorbonne (*Epistolæ Gasparini Pergamensis*, in-4°), date de 1470. Krantz et Friburger quittèrent Paris en 1477 : Gering y resta; il y exerça son art jusqu'en 1508, et mourut deux ans après en 1510, laissant une fortune assez considérable qu'il partagea, par testament, entre les colléges de Sorbonne et de Montaigu; la Sorbonne eut pour sa moitié 8,500 liv. d'argent comptant, somme énorme pour le temps. (1)

Angoulême, en 1491; Dôle, en 1492; Nantes, en 1493; Limoges, en 1495; Provins, en 1496; Tours, en 1496; Avignon, en 1497; Tréguier, en 1499; Perpignan, en 1500.

(1) Le libraire-imprimeur le plus riche après Gering, mais parmi les modernes, est, je crois, J.-B. Coignard, mort à Paris le 31 octobre 1768. Voici ce qu'en disent les *Mémoires secrets*, etc., t. IV, p. 132:

« Le sieur Coignard, imprimeur-libraire, vient de mou-
« rir; il s'est illustré par la fondation d'un prix en faveur

La capitale, émerveillée de ce nouvel art, en sentit tout le prix, et bientôt elle vit se former, dans ses murs, d'autres établissemens à l'imitation de celui des trois Allemands. Pierre Césaris, l'un des quatre grands libraires-jurés, et Jean Stol, libraire, furent imprimeurs en 1473; Aspais Bonhomme et Pierre Caron furent également libraires et imprimeurs en 1474; Pasquier Bonhomme le fut en 1475; Antoine Verard, si connu par plus de cent romans, qu'il a imprimés sur vélin, et ornés de belles miniatures, exerça dès 1480; vinrent ensuite (pour le quinzième siècle seulement) les Marnef, les Regnault, les Pierre et Guy Marchant, les Dupré, les Macé, les Le Rouge, les Lenoir, les Pigouchet, les Jean Petit, les Josse Bade, les Kerver, etc., etc., etc. Il est à remarquer que Gerard Morrhy, libraire-

---

« des étudians de l'Université. On a trouvé dans son coffre-
« fort quarante sacs de mille louis d'or chacun, ce qui fait
« une somme de 960,000 livres. »

Pareille aubaine n'irait point mal, par le temps qui court, à certains confrères actuels de J.-B. Coignard; et certes, cela vaudrait bien le produit éventuel de l'auxiliaire et généreux dévouement des CENT ET UN.

imprimeur, exerçait encore en 1532, dans la maison de Sorbonne, au même lieu où avaient été les presses des trois Allemands. Il était imprimeur depuis deux ans, ayant été reçu en 1530; et vers ce temps, l'imprimerie et la librairie avaient déjà pris un assez grand développement à Paris, car Guillaume Godard, et son gendre Guillaume Merlin, imprimeurs, ayant un procès à soutenir en 1538, firent exposer par leur avocat, qu'ils avaient quatorze presses roulantes; qu'ils employaient deux cent cinquante ouvriers, et qu'il leur fallait par semaine près de deux cents rames de papier (chaque rame renferme cinq cents feuilles.)

Une déclaration du roi Louis XII, donnée à Blois le 9 avril 1513, prouve le cas que ce prince faisait de la précieuse découverte de l'imprimerie, et de la satisfaction qu'il éprouvait de la voir introduite dans le royaume. Cette déclaration est relative à un impôt ou octroi de 30,000 livres tournois, dont était frappée la ville de Paris, et dont l'Université et ses *suppôts et officiers, les libraires, relieurs, illumineurs et escrivains*, de-

mandaient à être exempts. Il paraît que le nom d'*imprimeur* n'était pas encore usité, et qu'on se servait de celui de *libraire* pour désigner cette profession ; car on ne trouve point le mot imprimeur dans la déclaration en question, où se rencontre plusieurs fois la nomenclature de ceux qui tenaient au commerce des livres, telle que nous venons de la rapporter. Quoi qu'il en soit, le Roi déclare qu'il veut que ces personnes (les *libraires*, *relieurs*, *illumineurs* et *escrivains*) jouissent entièrement de leurs libertés, privilèges, franchises et exemptions, « pour la considéra-
« tion, dit-il, du grand bien qui est advenu en
« nostre royaume au moyen de l'art et science
« de l'impression, l'invention de laquelle semble
« estre plus divine que humaine (1), laquelle,

---

(1) J.-J. Rousseau ne pensait pas aussi favorablement que Louis XII de l'art de l'imprimerie ; il est vrai que les temps étaient bien différens. N'importe : voici comment il s'exprime dans une note de son discours, qui a remporté le prix à l'Académie de Dijon, en 1750, discours dans lequel il attaque les sciences et les arts avec l'arme du paradoxe, et avec ce style nerveux et cette humeur atrabilaire, qui, par la suite, n'ont pas peu contribué à sa haute

« graces à Dieu, a esté inventée et trouvée de
« nostre temps, par le moyen et industrie des-

réputation, et à ce malaise social qu'il a éprouvé presque
toute sa vie.

« A considérer, dit-il, les désordres affreux que l'im-
« primerie a déjà causés en Europe, à juger de l'avenir par
« le progrès que le mal fait d'un jour à l'autre, on peut
« prévoir aisément que les souverains ne tarderont pas à se
« donner autant de soins pour bannir cet art terrible de
« leurs états qu'ils en ont pris pour l'y introduire. Le sultan
« Achmet, cédant aux importunités de quelques prétendus
« gens de goût, avait consenti d'établir une imprimerie à
« Constantinople ; mais à peine la presse fut-elle en train
« qu'on fut contraint de la détruire, et d'en jeter les ins-
« trumens dans un puits. On dit que le calife Omar, consulté
« sur ce qu'il fallait faire de la bibliothèque d'Alexandrie,
« répondit en ces termes : Si les livres de cette bibliothèque
« contiennent des choses opposées à l'Alcoran, ils sont mau-
« vais, et il faut les brûler ; s'ils ne contiennent que la
« doctrine de l'Alcoran, brûlez-les encore, ils sont super-
« flus. Nos savans ont cité ce raisonnement comme le comble
« de l'absurdité. Cependant supposez Grégoire-le-Grand à
« la place d'Omar, et l'Évangile à la place de l'Alcoran,
« la bibliothèque aurait encore été brûlée, et ce serait peut-
« être le plus beau trait de la vie de cet illustre pontife. »
Voilà bien Rousseau, qui employait tout son talent à
écrire comme de conviction, et qui, selon toute apparence,
ne pensait pas tout ce qu'il écrivait.

« dits libraires, par laquelle nostre sainte foy
« catholique a été grandement augmentée et
« corroborée, justice mieux entendue et admi-
« nistrée, et le divin service plus honorablement
« et plus curieusement fait, dit et célébré ; au
« moyen de quoy tant de bonnes et salutaires
« doctrines ont esté manifestées, communiquées
« et publiées à tout chascun, au moyen de quoy
« nostre royaume précelle tous les autres; et autres
« innumérables biens qui en sont procédez et pro-
« cèdent encore chascun jour, à l'honneur de
« Dieu et augmentation de nostre dicte foy catho-
« lique comme dit est. Pour ces causes et autres
« à ce nous mouvans et en faveur de nostre dicte
« fille l'Université de Paris, avons octroyé et
« déclaré, etc., etc. » On ne peut faire un plus
bel éloge de l'imprimerie, du moins pour le
temps où a paru cette déclaration, temps un peu
différent du nôtre (1). On voit, dans la suite de

---

(1) Il n'existe pas moins de différence entre l'opinion du
bon roi Louis XII sur l'imprimerie, et celle que vient
d'émettre l'ingénieux et piquant M. Nodier sur le même
sujet, dans la *Revue de Paris*, tome XX, p. 29-37.

M. Nodier qui, comme Jean-Jacques, ne suit pas les

cette pièce, que *lesdicts libraires, relieurs, illumineurs et escrivains-jurés de ladicte Université,* étaient au nombre de trente : mais ce nombre a beaucoup augmenté par la suite.

Si Louis XII a fait un aussi bel éloge de l'imprimerie, dans sa déclaration de 1513, dont nous venons de parler, c'est que sans doute jusqu'alors on n'avait reconnu aucun abus grave de

---

chemins battus, fait table rase de tout le bien que jusqu'à ce jour on a dit de l'imprimerie, qu'il appelle « La loi agraire de l'intelligence; » et loin de convenir, d'après l'opinion générale, qu'elle doit rendre impossible tout retour à la barbarie, il soutient « qu'on ne court aucun risque d'avancer qu'elle a rendu ce retour plus imminent et plus inévitable. » L'espace me manque pour suivre l'auteur dans le développement de ses preuves; je rapporterai seulement sa conclusion : « Voilà le grand inconvénient de l'imprime-
« rie : elle est passive et non intelligente; elle obéit et ne
« juge pas; elle a mis le bon en circulation, elle y a mis le
« mauvais; elle a rendu plus faciles quelques jouissances
« délicates; elle a fomenté des milliers d'erreurs et de
« folies; et comme le nombre des esprits judicieux est
« infiniment plus petit que l'autre, elle a recréé les veilles
« du sage, mais elle a soulevé un ferment inextinguible de
« désordres dans la multitude; elle a accéléré la civilisation

la presse ; et cela n'est pas surprenant : les mœurs étaient plus simples, les principes religieux mieux affermis, l'instruction moins répandue, l'essor littéraire plus réservé ; et les imprimeurs-libraires, tous sous la dépendance de l'université, et encore, pour ainsi dire, aux essais de leur art, ne songeaient point à sortir des bornes d'une sage liberté, que d'ailleurs leur intérêt leur faisait un devoir de ne point franchir.

―――――――――――――

« pour la précipiter vers la barbarie, comme l'opium pris
« à forte dose accélère la vie pour la précipiter vers la
« mort !... » Plus loin l'auteur dit encore : « La question n'est
« pas épuisée sans doute, mais elle est jugée. Rien ne s'op-
« pose au retour de la barbarie dans ce que vous appelez
« la marche progressive de la société moderne. Vous serez
« barbares comme vous l'avez été, vous le serez peut-être
« davantage ; et il ne s'en faut guère que vous ne le soyez
« déjà ; seulement votre barbarie différera de l'autre en un
« point, c'est qu'elle commencera son règne au nom de la
« civilisation et de la perfectibilité, c'est-à-dire par le
« ridicule.... J'ai voulu prouver que l'imprimerie elle-même
« ne changera rien, quoi qu'on en dise, à la condition
« indispensable de toutes les existences, et qu'elle n'est ni
« un préservatif pour la gloire contre l'oubli, ni un préser-
« vatif pour la civilisation contre la barbarie. »

Mais de longs orages religieux et politiques, annoncés à l'horizon, du côté de l'Allemagne, par un petit nuage d'abord imperceptible, allaient bientôt fondre sur l'Europe, et la ravager pendant tout le reste du seizième siècle. Ce fut l'ambition déçue d'un moine du couvent des Augustins d'Erfort, son amour-propre blessé, et ensuite une querelle soutenue par lui avec aigreur sur les indulgences, qui donnèrent lieu à la réforme, vers 1518 (1), et qui passant, de la cel-

---

(1) Léon X avait fait publier, en 1517, une croisade contre les Turcs, et il y attachait des indulgences dont le but, dit Crevier, n'était ni bien canonique ni exempt d'intérêt. La commission de prêcher les indulgences en Saxe se donnait ordinairement aux Augustins ; cette fois elle fut donnée aux Dominicains, *indè iræ*. Luther, qui était Augustin, voulut venger son ordre que l'on privait d'une commission lucrative ; alors il releva, avec toute la fougue de son caractère, les abus qui se commettaient dans la promulgation des indulgences ; et, une fois ce premier pas fait, il ne s'arrêta plus dans la carrière hostile qu'il ouvrit contre le catholicisme, sous le nom de réformes.

Il faut convenir que les abus en fait d'indulgences étaient grands, même en France où les lumières ont toujours été plus grandes en matière de religion. Des prédicateurs

lule d'un cloître obscur, au grand jour, devint le signal de l'embrasement général. Quelque temps après l'explosion, la Ligue (dont l'opposition à cette réforme fut le prétexte, et l'ambition de la maison de Lorraine la cause), vint précipiter la France dans un abîme de maux.

---

mercenaires, dit encore Crevier, annonçaient en chaire, aux peuples :

« Quiconque met au tronc de la croisade un teston « (10 sols) ou la valeur, pour une ame estant en purga- « toire, il délivre ladicte ame incontinent, et s'en va in- « failliblement ladicte ame aussitost en paradis; *itaque,* en « baillant dix testons pour dix ames, voire mille testons « pour mille ames, elles s'en vont incontinent et sans doute « en paradis. »

La faculté de théologie de Paris condamna, le 6 mai 1518, cette proposition comme fausse, frauduleuse et excédant la teneur de la bulle relative à la croisade, et elle approuva la proposition suivante :

« Il n'est point certain que infailliblement toutes ames « indifféremment estant en purgatoire, pour chacune des- « quelles on met au tronc de la croisade, dix sols tournois, « s'en voise incontinent et sans doute en paradis, mais s'en « fault rapporter à Dieu, qui accepte ainsi qu'il lui plaist, « le trésor de l'église appliqué auxdictes ames. » (Voy. *Histoire de l'Université de Paris*, 1761, 7 vol. in-12, tom. V, p. 135.)

Il était difficile qu'au milieu de tant de catastrophes, et dans des circonstances d'autant plus terribles que tous les esprits étaient divisés et portés au plus haut point d'exaspération, il était, dis-je, difficile que la presse ne se rendît pas l'écho des passions, quels que fussent les partis tant à Paris que dans les provinces. Qu'en résulta-t-il? une lutte effroyable entre les novateurs proclamant l'indépendance religieuse, d'un côté, et de l'autre l'autorité s'opposant aux progrès de la réforme par tous les moyens possibles, même les plus violens. De là nombre d'arrêts de condamnations et de supplices, nombre de déclarations du conseil, d'édits et de réglemens sur l'imprimerie et la librairie, dont la liberté fut restreinte à des limites que l'on chercha toujours à resserrer de plus en plus. On ne craint donc pas d'avancer que l'histoire de la liberté de la presse peut se composer du simple narré des faits et des actes administratifs produits par ces divers moyens soit de répression soit de précaution. Nous allons tâcher de tracer une esquisse de cette histoire en présentant par ordre chronologique un choix de ces principaux faits et actes, tous émanés du gouvernement, dans le but de restreindre la liberté de la presse, et de punir ceux qui enfreignaient les réglemens.

III.

NOTICE CHRONOLOGIQUE DES PRINCIPAUX MOYENS DE RÉPRESSION ET DES ACTES DE L'AUTORITÉ, RELATIFS A L'IMPRIMERIE ET A LA LIBRAIRIE, DANS LE BUT DE RESTREINDRE LA LIBERTÉ DE LA PRESSE.

Disons d'abord que la lutte commença par une vive opposition de l'autorité aux projets d'envahissement de la réforme. Mais il faut convenir qu'on ne mit pas plus de mesure dans la répression, c'est-à-dire dans la punition, que les accusés n'en mettaient dans l'attaque. Exaspération et barbarie, telle est la devise qui pouvait s'inscrire sur chaque bannière.

Cependant le début de la lutte en question eut lieu selon les formes ordinaires de proscriptions des mauvais livres. Léon X anathématisa la doctrine et les ouvrages de Luther par sa bulle du 15 juin 1520. Luther, à son tour, fit brûler, à Wittemberg, la bulle du pape et les anciennes *décrétales*. La Diète de Worms, en 1521, condamna au feu les livres du nouveau réformateur; la faculté de Théologie de Paris que, dans le principe, Luther avait prise pour juge de sa doctrine (en 1519) ne donna son arrêt de censure que le 15 avril 1521. L'Université d'Erfurt, prise aussi pour juge par Luther, garda le silence. Jusqu'ici nous ne voyons point encore de mesures violentes exercées contre les sectaires du novateur; mais le nombre en ayant rapidement augmenté, tant ce qui tient au relâchement de tout frein séduit aisément la foule, on crut alors qu'il était nécessaire de sévir contre ces sectaires par les voies de la justice criminelle, et par les peines corporelles qu'elle décerne ordinairement. Nous allons voir comment la plupart s'en trouvèrent.

Dès 1524, un cardeur de laine, nommé Jean Leclerc, zélé réformé, prêcha la nouvelle doctrine à Meaux, et se fit des partisans. La justice informa contre eux, et tous, par arrêt du parlement de Paris, furent condamnés à être fustigés dans les carrefours, puis marqués d'un fer chaud, à Meaux, et bannis. Ce Jean Leclerc, opiniâtre garçon, se rendit, en 1525, à Metz, où, trouvant qu'il avait sans doute trop peu souffert pour son évangile, il se mit à briser les images. Un nommé Maître Jacques, libraire et imprimeur, dont les presses roulaient pour la réforme, fit cause commune avec lui : l'un et l'autre furent arrêtés, et poursuivis au criminel. Voici comment le P. Meurisse, franciscain, évêque de Madaure, raconte l'issue de leur procès, dans son *Histoire de la naissance, des progrès et de la décadence de l'hérésie à Metz*, 1542, in-4°, page 21.

« Le 25 juillet 1525, qui estoit un jour de
« samedy, le procès de Jan et de Jacques ayant
« esté faict et parfaict, ils furent menez en cham-
« paseille où Jan Leclerc ayant eu premièrement
« le nez arraché, le poing dextre coupé et la
« tête couronnée de deux ou trois cercles d'un
« fer chaud, pour faire répondre en quelque
« manière son chastiment à son crime, il fut

« bruslé tout vif. Et Jacques ayant été attaché
« au carquant de la chuppe (1), c'est-à-dire d'une
« fosse bourbeuse où l'on faisoit barbotter les
« criminels, il eut les deux oreilles arrachées,
« et puis il fut banny de la ville pour iamais (2). »
Jean Leclerc passe pour le premier martyr du
luthéranisme en France. Théodore de Bèze l'appelle *le Restaurateur* des églises de Meaux et de Metz.

Dans la même année, un moine nommé Jean

---

(1) On trouve dans l'*Essai philologique sur les commencemens de la Typographie* à Metz (par M. G.-F. Teissier), 1828, in-8°, p. 29, la note suivante :

« La xeuppe, ou cheuppe, était une punition infamante,
« particulière à la législation messine, et que l'on infligeait
« dans le cas où l'on ne prononçait pas la mort. Le con-
« damné, enfermé dans une espèce de cage, était enlevé au
« moyen d'une poulie; on le laissait retomber de toute la
« hauteur de la potence, au bras de laquelle était attachée
« la poulie. Cet appareil était placé au-dessus d'un égout,
« où les valets de l'exécuteur vautraient le condamné jus-
« qu'à ce que les magistrats, qui présidaient à ce sale sup-
« plice, donnassent l'ordre de cesser. »

(2) Voyez *Histoire des Sciences et des Lettres*, etc., *dans le Pays Messin*, par M. Begin, p. 408.

Châtelain, ayant prêché la réforme à Metz, fut arrêté, jugé et condamné à être dégradé et brûlé. La sentence fut exécutée à Vic, le 12 janvier 1525 *v. st.* (1).

Jacques Pauvant, religieux et docteur de Sorbonne, ayant soutenu des propositions luthériennes à Meaux, fut brûlé vif en 1525 sur la place de Grève à Paris.

Louis Berquin, gentilhomme artésien, conseiller de François Ier, fut dénoncé en 1523, soit pour différens ouvrages de Luther et de Mélanchton, trouvés chez lui, soit pour divers écrits de sa composition favorables à la réforme. Il fut emprisonné, et ses livres condamnés au feu. Le Roi le fit sortir de prison. Ses indiscrétions provoquèrent en 1526 une seconde censure et un second arrêt du parlement. La protection de

---

(1) L'année commençait alors à Pâques; ainsi le janvier inscrit 1525, était véritablement le janvier 1526, puisque l'on comprenait sous le milliaire 1525 tous les mois qui s'écoulaient depuis Pâques 1525, tombé le 16 avril, jusqu'à Pâques 1526, qui est tombé le 1er avril.

François Ier lui procura encore la liberté. Enfin, persistant dans son opiniâtreté, il fut arrêté une troisième fois, jugé et condamné à faire abjuration, puis à avoir la langue percée, et à être enfermé le reste de ses jours. Il en appela au pape et au roi. Non seulement son appel n'eut pas le résultat qu'il en attendait, mais il fut condamné à être brûlé sur la place de Grève. C'est en vain que le savant Budé, l'un de ses juges, l'engagea à se rétracter pour sauver sa vie, il ne put jamais l'y décider. L'arrêt fut exécuté le 17 avril 1529. (1)

---

(1) Il est question de Louis Berquin dans un ancien opuscule excessivement rare, imprimé en caractère gothique, sans date ni nom d'auteur, mais qui doit remonter aux premières années de la réforme. Il a pour titre : La Farce des théologastres à six personnages, pet. in-fol. de 8 feuillets non chiffrés. C'est un pamphlet en vers contre l'Église catholique. M. G. Duplessis, bibliophile très distingué, et très versé dans les différentes branches de la bibliologie, a découvert un exemplaire de cette rareté dans la bibliothèque d'un amateur de Lyon, et il l'a fait réimprimer à Lyon en 1830, au nombre de 64 exemplaires ; savoir : 50 sur grand papier vélin, 10 sur papier de Hollande, et 4 sur papier de couleur.

Le savant éditeur, dans une fort bonne notice prélimi-

Vers ce temps, les *Colloques* d'Érasme, ouvrage ingénieux, agréable, d'un style facile et naturel, eurent le plus grand succès ; on le lisait

---

naire, cherche à trouver dans quel temps cet opuscule a été imprimé, ne s'en rapportant point à une note manuscrite assez récente, qui, sur la première page, porte *Lyon*, 1541. Il pense que l'impression a dû avoir lieu avant 1529, parce qu'il est fait mention de Louis Berquin, comme ayant été mis en prison ; mais l'auteur ne parle point de son supplice, circonstance importante qui n'eût pas été omise. Voici le passage :

>Le seigneur de Berquin
>Il leur exposoit le latin
>De Erasme qu'ils n'entendent point
>Mais ils le mirent par vng point
>En prison et par voye oblicque
>Le cuidèrent dire hérétique
>Sans monstrer erreur ne raison
>Pourquoy qui est grand desraison.

Il me semble que le second et troisième vers, où il est question du latin d'Érasme, pourraient bien être relatifs à quelque ouvrage composé par Berquin, et qui ont été cause de son premier emprisonnement. L'auteur ne parle ni de deux emprisonnemens, ni du supplice de Berquin ; alors son opuscule aurait été fait entre les deux premiers emprisonnemens, c'est-à-dire un peu avant 1526. Mais a-t-il été imprimé alors ? C'est ce qu'on pourrait présumer, sans l'affirmer.

même dans les classes, et l'imprimeur Simon de Colines en fit tirer vingt-quatre mille exemplaires. Mais la Faculté de théologie ayant remarqué dans cet ouvrage des plaisanteries sur les moines, sur le célibat des gens d'église, sur certaines pratiques de dévotion, et sur quelques endroits un peu libres, résolut de faire condamner l'ouvrage. A cet effet, le 16 mai 1526, elle présenta requête au parlement. Rien ne fut décidé; alors Noël Béda, syndic de la Faculté, s'adressa à l'Université, et lui proposa de condamner ce livre, comme étant pernicieux à la jeunesse; les avis furent partagés; et malgré cela, Béda prononça la condamnation le 23 juin 1528.

A Metz, on continua à poursuivre la réforme; quelque temps après l'époque dont nous parlons, les magistrats messins ayant eu recours à l'empereur, pour éteindre tout à fait le luthéranisme dans la contrée, ce prince leur envoya le jurisconsulte Charles Boisot, conseiller d'État et maître des requêtes. Le premier acte de sa mission fut le renvoi du ministre Watrin du Bois, dont les discours annoncés au prône des paroisses, attiraient une grande affluence à la chapelle Saint-Nicolas du Neuf-Bourg ; le second acte fut la publication d'un truchement (*proclamation*), imprimé en placards, affiché sur toutes les places publiques, et portant, entre autres articles :

« Que nulz se ingerent et aduancent, sur
« painnes de dix liures de Messains, de tenir
« escolles particulières, soit pour enfanz ou aul-
« tres venus a plus grant eaige, sans le congé et
« licence de iustice, et qu'ils soyent congneuz et
« declarez par lesdictz seigneurs de iustice, ou
« ceulx qu'ilz comettront ad ce ydoines, suffis-
« sanz et qualiffiez pour ce faire. »

Semblable défense fut renouvelée en 1546,
« Par un cry public deuant la grande eglise de
« Metz, qu'il ny eust ny libraire ny aultre qui
« ozat debiter aucun liure d'heresie sous peine
« de dix liures d'amande. »

Cela produisit de l'effet, car le P. Meurisse, dont nous empruntons ces détails (d'après M. Be-

gin, p. 409 et 410), ajoute : « Nos sectateurs de
« nouuelles opinions demeuroient toujours alors
« clos et couuerts, et c'estoit plustost par soubçon
« que par une cognoissance certaine et euidente
« qu'on les pouuoit designer ou discerner. »

En 1532, le fougueux Béda, que nous avons
vu précédemment condamner les *Colloques*
d'Érasme, s'adressa plus haut : Marguerite, reine
de Navarre, sœur de François Ier, qui passait
pour favoriser les nouvelles opinions, composa
en vers français un ouvrage intitulé : *Le Miroir de
l'âme pécheresse*, « dans lequel se trouvoient, dit
« Théodore de Beze, plusieurs traitz non accous-
« tumez en l'Église romaine, n'y estant fait men-
« tion aucune de saincts, ny de sainctes, ny de
« mérites, ny d'autre purgatoire que le sang
« de J.-C. » Ce livre pouvait donc être consi-
déré comme condamnable; et il n'y avait guère
que le rang élevé de son auteur, et l'affection
que le roi son frère lui portait, qui pût empêcher
qu'on s'occupât de la condamnation. Béda ne fut
point arrêté par cette considération, et il fit condamner l'ouvrage par la Faculté de théologie :

plaintes de Marguerite à son frère, et, par suite, exil de Béda et des docteurs qui avaient proscrit l'ouvrage. Il faut que la Faculté revienne sur son décret de proscription, si elle veut obtenir le rappel des exilés qu'elle sollicitait par sa requête du 5 juillet 1533. Tout cela s'arrangea. Le roi avait demandé les motifs de la condamnation ; le complaisant Nicolas Cop, recteur de l'Université, décida, avec les docteurs, qu'il n'y avait rien de répréhensible dans l'ouvrage de Marguerite ; et tout fut terminé.

En 1533, il se passa à Lyon un fait qui mérite d'être consigné ici, puisque l'art typographique en France y courut de grands dangers, et cela à l'occasion des livres protestans, qui s'étaient singulièrement multipliés. « François Ier, étant à
« Lyon (le 7 juin), la Société de Sorbonne lui
« présenta une requête fort pressante au sujet
« des livres hérétiques ; elle y exposa fortement
« au roi que s'il voulait sauver la religion atta-
« quée et ébranlée de tous côtés, il était d'une
« nécessité indispensable d'abolir pour toujours
« en France, par un édit sévère, l'art de l'im-

« primerie, qui enfantait chaque jour une infinité
« de livres qui lui étaient si pernicieux. Ce projet
« de la Sorbonne fut sur le point d'être réalisé;
« mais Jean du Bellay, évêque de Paris, et Guil-
« laume Budé, parèrent heureusement le coup;
« ils firent entendre au zélé monarque, qu'en
« conservant un art si précieux, il pourrait effi-
« cacement remédier aux abus dont on se plai-
« gnait si justement. » (Voy. M. l'abbé Laboude-
rie, *Notice sur la vie et les écrits du P. Colonia*,
p. xlvij.) Si François Ier eût rendu cet édit qu'on
lui conseillait, et dont l'exécution n'eût sans
doute été que passagère, il eût, je crois, été difficile de concilier le glorieux surnom de restaurateur des lettres qu'on lui a donné, avec cet
acte de barbarie, plus digne d'émaner du Di-
van que du conseil d'un roi de France.

En 1543, on publia à Venise le premier *Index*
des livres défendus, qui soit connu; il a pour
titre : *Index generalis scriptorum interdictorum*,
Venetiis, 1543. Reimann, dans son *Catalogus
bibliothecæ*, 1731, in-8°, assure que c'est le premier et le plus rare de tous les *Index*.

On ne tarda pas en France à voir paraître aussi un *Index* des livres défendus. La Faculté de théologie voulant prévenir les esprits des fidèles contre le venin des mauvaises doctrines, résolut, en 1543, de dresser un catalogue des livres qu'elle avait censurés depuis un certain temps, et de le présenter au procureur général, afin que ce magistrat, par l'autorité royale, empêchât la publication et la vente des ouvrages pernicieux dont le jugement doctrinal appartient aux théologiens. Ce catalogue parut l'année suivante, c'est-à-dire en 1544. On y trouve le livre de Rabelais (1).

---

(1) Sept ans après parut un nouveau catalogue des livres censurés par la Faculté de théologie, depuis 1544. Ce nouveau catalogue parut sous la date du 6 octobre 1551. Il est précédé d'un avertissement, dans lequel les docteurs parlent des travaux immenses auxquels ils se livrent pour prévenir la contagion de l'hérésie, et pour répondre aux consultations que leur envoient de toutes parts les évêques, le Parlement, les gouverneurs de provinces. Ils n'exagèrent point, et l'on s'en convaincra aisément si l'on veut parcourir dans l'ouvrage de Duplessis d'Argentré, évêque de Tulle (*Collectio judiciorum de novis erroribus*, 1725, 33 et 36, 3 vol. in-fol.), les titres seulement des censures et

Dans le même temps à peu près, les prédicateurs de la réforme, mettant tout en œuvre pour répandre leur doctrine, et la glissant dans tous leurs écrits, jusque dans des livres de grammaire, l'Université fit un réglement par lequel il fut défendu à tous les imprimeurs de France de publier aucun livre sans que le recteur et les doyens des Facultés supérieures en fussent avertis; et le recteur fut chargé de choisir deux maîtres dans chaque Faculté, pour examiner et censurer au besoin les nouveaux livres, chacun dans son département.

Étienne Dolet, imprimeur, avait publié un assez grand nombre d'ouvrages dont les uns étaient composés et imprimés par lui, et les autres seulement imprimés (1); mais tous furent

---

décrets portés par la Faculté de théologie, depuis la naissance du luthéranisme. On trouve dans ce catalogue de 1551 six différentes éditions de la Bible, publiées par le célèbre Robert Estienne, qui, comme l'on sait, alla finir ses jours à Geneve, où il mourut en 1559, après un séjour de huit ans.

(1) On trouvera la liste de tous ces ouvrages dans notre Dictionnaire *des livres condamnés au feu*, tome I, pages 107-110.

nominativement proscrits par un arrêt du Parlement de Paris, du 14 février 1543, qui les condamne *à être bruslés et convertis ensemble en cendres, comme contenant dampnable, pernicieuse et hérétique doctrine.* Il paraît que cette exécution ne rendit pas l'auteur plus prudent, puisque, trois ans après, lui-même fut condamné à être pendu et brûlé, comme atteint et convaincu d'être *athée et relaps;* arrêt qui fut exécuté sur la place Maubert, le 3 août 1546. Il avait trente-sept ans.

Voici l'un des premiers actes de l'autorité, qui exige une sorte de garantie, relativement à la publication des ouvrages. C'est une déclaration de Henri II, du 11 décembre 1547, « qui « ordonne que le nom et surnom de celui qui a « fait un livre, soit exprimé et apposé au com- « mencement du livre, et aussi celui de l'impri- « meur avec l'enseigne de son domicile (1). »

---

(1) Long-temps auparavant les priviléges en librairie existaient; ils doivent avoir commencé sous Louis XII, car le premier que l'on cite est, dit-on, de 1507, pour les

Une autre déclaration du même roi Henri II, du 27 juin 1551, enjoint à tous imprimeurs « de « faire l'exercice et état d'impression en bonne « ville et maisons ordonnées et accoutumées à « ce faire, et non en lieux secrets, et que ce soit « sous un maître imprimeur duquel le nom, le « domicile et la marque soient mis aux livres « par lui imprimés, le temps de ladite impres- « sion et le nom de l'auteur, etc. » — L'article IX de cette même déclaration porte : « Ne pourront, « les imprimeurs, imprimer aucuns livres, sinon

---

Epistres de saint Paul, traduites 300 ans auparavant par L. Desmoulins, et glosées par un Augustin inconnu. En 1508, on voit un privilége pour les ouvrages de saint Bruno; en 1509, pour les *Illustrations de Gaule*, etc., par Jean Le Maire de Belge. J'ai ce volume, et je lis, dans ce privilége accordé par Louis XII, à Lyon, le 30 juillet 1509 : « ... De « la partie de nostre bien aymé maistre Jehan Le Maire de « Belges, nous a esté exposé qu'il a intention de brief faire « imprimer ung certain liure des *Singularités de Troye et* « *Illustrations de Gaule*, etc.; mais il doubte qu'il ne peust « ou osast ce faire sans nos congié et licence; et à ceste cause « nous a iceluy exposant fait supplier, etc... » Voilà, dans ce privilége, un doute qui annonce qu'il n'y avait encore rien de coërcitif pour les priviléges; les auteurs les demandaient

« en leur nom et en leurs officines et ouvroirs. » Cette déclaration semblerait indiquer que, dans ces temps qui commençaient à devenir orageux, il y avait déjà des imprimeries secrètes, et que l'autorité en était prévenue et voulait y mettre ordre, puisqu'elle ordonnait que tout s'imprimât en maison connue, en imprimerie autorisée, avec le nom de l'imprimeur et du lieu de l'impression. Cependant je n'ai point découvert, du moins en France, d'imprimerie clandestine dans le seizième siècle; mais il en existait des

---

seulement pour se garantir des contrefaçons, et avoir le droit de poursuivre les contrefacteurs. En 1511, nous voyons encore un privilége pour la *Chronique de Sigebert*; en 1518, pour les *Ouvrages d'Ange Politien*; précédemment Érasme en avait obtenu un pour tous ses ouvrages imprimés par Froben. Mais alors, tout en accordant le privilége, on n'exigeait point que le nom et surnom de l'auteur, et celui de l'imprimeur, *avec l'enseigne de son domicile*, fussent *exprimés et apposés* au commencement des livres que l'on imprimait. Ce n'est qu'en 1547 que cette formalité a été exigée, et l'injonction en a été souvent réitérée. Aussi ce n'est guère que du milieu du seizième siècle que les frontispices des livres ont pris une nouvelle forme, à cause de cette exigence.

particulières surtout dans les communautés religieuses. L'article xiv de la même ordonnance de 1551, défend de faire aucune vente de bibliothèque après décès ou autrement, sans qu'elle n'ait été visitée préalablement pour en distraire tous les livres suspects.

Le premier *index* des livres défendus publiés en Espagne par ordre du Saint Office est intitulé : *Index seu catalogus librorum qui prohibentur mandato Ferd. de Valdes Hispal. archiep. inquisitoris generalis Hispaniæ.* Pinciæ, 1559, in-4°.

Jusqu'ici les actes de l'autorité en France étaient plutôt réglementaires que comminatoires; mais il paraît que certains abus de la presse forcèrent à stipuler dans ces actes des peines très sévères. Une ordonnance de Charles IX, du 17 janvier 1561, s'exprime ainsi, article xiii : « Voulons que tous imprimeurs, semeurs de pla- « cards et libelles diffamatoires soient punis pour « la première fois du fouet, et pour la seconde « de la vie. »

Ces menaces n'empêchèrent sans doute point les écrivains et les imprimeurs de semer des satires et autres ouvrages préjudiciables à la tranquillité publique, puisque, deux ans après, nous voyons une nouvelle ordonnance du même roi Charles IX, du 10 septembre 1563, portant :
« Défenses à toutes personnes de quelque état et
« condition qu'elles soient, de publier, imprimer,
« faire imprimer aucun livre, lettres, harangues,
« ou autre écrit soit en rhythme (*vers*) ou en prose,
« faire semer libelles diffamatoires, attacher
« placards, mettre en évidence aucune autre
« composition, et à tous libraires d'en imprimer
« aucuns sans permission dudit seigneur Roy,
« sur peine d'estre pendus et estranglez, et que
« ceux qui se trouveront attachans ou avoir at-
« taché ou semé aucuns placards seront punis
« de semblables peines. »

Le premier *index* des livres défendus, qui a paru à Rome, est intitulé : *Index librorum prohibitorum, cum regulis confectis per Patres a Tridentina synodo delectos, auctoritate sanctiss. D. N. Pii IIII. Pont. Max. comprobatus.* Romæ, apud Paulum Manutium, Aldi fil. 1564, in ædibus populi Romani. In-4º de 72 pag. Il y en a eu deux éditions in-4º de la même année, à Rome, et deux éditions in-8º de 64 pages, toujours du même imprimeur à Rome. — Une autre édition a paru dans la même année à Cologne, in-8º. (Voyez les *Annales de l'imprimerie des Aldes*, beau, savant et curieux ouvrage de M. Renouard, seconde édition, *Paris*, 1825, 3 *vol.* in-8º, tom. II, page 49.)

L'ordonnance de Moulins, rendue, sous Charles IX, en février 1566, renouvelle, article LXXVII, les défenses portées dans l'ordonnance de 1563 que nous venons de citer, et « dé-
« clare tels escriteurs (*sic*), imprimeurs et ven-
« deurs, infracteurs et perturbateurs du repos
« public, et veut iceux estre punis des peines
« portées ès édits ; et enjoint à tous ceux qui ont
« tels livres de les brûler dedans trois mois sous
« les mêmes peines. »

L'article LXXVIII continue ainsi : « Défendons
« à toutes personnes que ce soit d'imprimer

« ou faire imprimer aucuns livres ou traictiés,
« sans notre congié ou permission et lettres de
« priviléges expédiées sous notre grand scel.
« Auquel cas aussi enjoignons à l'imprimeur d'y
« mettre et insérer son nom et le lieu de sa de-
« meurance. »

Quelle que fût la sévérité de ces ordonnances, il se trouvait des cas où leur exécution éprouvait des difficultés. Par exemple, lorsque René Benoit, docteur en théologie, voulut faire imprimer sa traduction de la *Bible* avec notes, il obtint en 1566 un privilége du Roi, où cette clause fut insérée : « Pourvu toutesfois qu'auxdictes
« Bibles ou annotations, n'y ait aucune chose
« contraire à la religion et constitution de l'Église
« catholique, et qu'elles soyent vues et approuvées
« par les docteurs régens en la Faculté de théologie. » Mais à peine ladite Bible fut-elle imprimée, qu'elle fut censurée par la Faculté le 15 juillet 1567, et les libraires-imprimeurs mandés par ladite Faculté qui leur défendit de la débiter. Les libraires ne tinrent aucun compte de cette défense. Aussitôt la Faculté présente requête au

conseil du Roi, le suppliant d'ordonner la suppression de l'ouvrage et la punition exemplaire des libraires. Le conseil ordonne la suppression, et interdit le débit sous peine de punition corporelle et d'amende. Eh bien! cet arrêt resta sans exécution ; la faculté et le conseil du Roi eurent le dessous, parce que le parlement et l'évêque de Paris protégeaient l'ouvrage de René Benoît, et que les troubles religieux devenaient chaque jour de plus en plus sérieux.

Cependant l'Université conservait toujours son autorité et ses droits sur la communauté des libraires; car nous voyons la Faculté de théologie destituer, le 12 décembre 1567, un nommé Oudin Petit, de ses fonctions de libraire, pour cause de religion, et le remplacer par un nommé Michel Julien.

Nous placerons ici une petite anecdote, puisée à l'étranger, pour prouver combien l'autorité était susceptible sur les livres dont elle croyait pouvoir permettre la lecture. En Espagne, le conseil de l'inquisition, à Séville, ordonna, le 15 mai 1570, le séquestre du *petit Office*, im-

primé à Paris, chez Guillaume Merlin, et en défendit la lecture, fondé sur ce qu'on voit au frontispice une croix et un cygne avec ces mots : *in hoc cygno vinces.* — Nous ajouterons à cette anecdote que le dernier *index* de l'inquisition d'Espagne contre les mauvais livres date de 1747, et qu'il a été dressé sous le grand inquisiteur Don Fr. Perez del Prado, qui disait que « Quelques hom-
« mes avaient poussé l'audace jusqu'à l'exécrable
« témérité de demander la permission de lire l'É-
« criture sainte en langue vulgaire, sans crainte
« d'y rencontrer le poison le plus mortel. »

En 1571, une nouvelle ordonnance de Charles IX, sur la librairie et l'imprimerie, rappelle toutes les injonctions portées dans les précédentes, surtout dans l'article x, où il est encore dit : « Défendons l'impression de tous nouveaux
« livres sans notre permission par lettres de notre
« grand scel, auxquels sera attachée la certifica-
« tion de ceux qui auront vu et visité le livre,
« et ne sera loisible d'imprimer aucun livre sans
« au commencement et première page d'icelui
« nommer l'auteur et l'imprimeur. »

Deux ans après, Geoffroi Vallée, natif d'Orléans, fut pendu et brûlé à Paris, le 9 février 1573, *v. st.*, pour avoir composé la Béatitude *des chrestiens, ou fléau de la foy*, petit in-8º de 13 pages, sans nom de lieu ni d'imprimeur (1).

Un arrêt du parlement, du 7 décembre 1579, sévit contre un nommé Philippe Tinghi de Lyon, et fait défenses à tous libraires de faire imprimer hors du royaume, sous peine de quatre mille écus d'amende.

Le 1ᵉʳ décembre 1584, un arrêt du parlement condamne un nommé Pierre d'Esgain, sieur de Belleville, gentilhomme protestant, à être pendu, et ensuite brûlé avec quelques écrits satiriques

---

(1) Ce petit livret est d'une excessive rareté : un exemplaire a été vendu 851 livres, chez M. Gaignat, en 1769.

Le fond de la doctrine de Vallée n'est point l'athéisme proprement dit, mais un déisme commode, qui consiste à reconnaître un Dieu sans le craindre, et sans appréhender aucune peine après la mort. Que l'auteur n'a-t-il vécu deux siècles et demi plus tard! il n'eût, certes, couru aucun danger; mais aussi sa *Béatitude*, au lieu de se vendre 851 fr., se donnerait à 50 centimes la douzaine.

qu'il avait composés contre Henri III. C'est sur la dénonciation même de ce roi que son procès lui fut fait.

L'historien l'Étoile rapporte que « le samedy « 22 novembre 1586, François le Breton, avo- « cat, fut pendu dans la cour du Palais, devant « le May, comme séditieux et criminel de leze- « majesté, à raison d'un livre plein de propos « injurieux contre le roy, le chancelier et le par- « lement. Gilles Ducarroi, imprimeur, et son « correcteur (*son prote*), furent fustigés et ban- « nis. »

Henri III, par une ordonnance du 6 mars 1587, autorise le recteur de l'Université à faire la visite des boutiques des libraires jurés et non jurés, pour y saisir tous les mauvais livres qu'il y trouverait, et les remettre au syndic de la Faculté de théologie. Cette ordonnance fut rendue sur une requête que le recteur présenta au Roi, et dans laquelle il fit la peinture des désordres qui régnaient dans l'Université : il dit qu'on enseignait ouvertement, dans les colléges, l'hérésie de Calvin et toute autre mauvaise doctrine; qu'on y vendait des livres scandaleux et hérétiques; que la corruption des mœurs y était excessive, et que les maisons destinées à la science et à la pratique de la vertu étaient devenues des repaires de femmes de mauvaise vie, de monopoleurs, et même d'assassins.

« Nous trouvons dans le Chroniqueur l'Étoile, déjà cité, que « le dimanche 19 décembre 1593, « Rolin Thierry et Lyon (Léon) Cavellat, im- « primeurs de la Sainte Union, et des plus zélés, « furent mis en prison par ordonnance de Mes- « sieurs de la cour, au sujet du DIALOGUE du *Ma- « nant et du Maheustre* (1), sur la dénonciation

---

(1) Ce pamphlet fit beaucoup de bruit dans le temps. Le duc de Mayenne qui, ainsi que les politiques, y était *déchiffré de toutes façons*, selon l'expression de l'Étoile, avait promis mille écus à qui pourrait lui en indiquer l'auteur. La Bruyère, lieutenant civil, ayant reçu l'ordre de le rechercher, « fit, dès le matin du lundi 13 décembre « (1593), sceller toutes les imprimeries de Paris : *vraie « procédure*, dit encore l'Étoile, *pour ne rien trouver;* » et en effet il ne trouva rien.

On n'a aucune donnée certaine sur le véritable auteur de

« du président Le Maistre. » Il paraît que ces imprimeurs en furent quittes pour la prison ; car ils ont continué à imprimer à Paris depuis cette époque, savoir : Rolin Thierry, jusqu'au 24 avril 1623, jour de sa mort; et Léon Cavellat, jusqu'en 1610.

Il est fait mention, dans le *Code de la Librairie*, recueilli par Saugrain, pag. 343, d'un arrêt de septembre 1610, contre les nommés Dujarrige,

---

cet ouvrage : les uns l'attribuent à Louis Morin, dit Cromé, conseiller au grand conseil; et cela est assez présumable, d'après un passage du même l'Étoile, ainsi conçu : « Le duc « de Mayenne se plaignant de ce livre, un de son conseil lui « dit : C'est vous, Monsieur, qui l'avez fait; car il n'eût « jamais vu le jour, si vous eussiez fait pendre Cromé, lors- « que vous le teniez entre vos mains. » D'autres pensent qu'il est de Nic. Rolland, conseiller à la cour des monnoies ; enfin une note manuscrite du seizième siècle, trouvée par M. Barbier sur un exemplaire, le donnerait à un nommé Crucé, procureur, et l'un des seize. Malgré cela, toutes les présomptions se réunissent en faveur de Cromé. Le DIALOGUE *d'entre le Maheustre et le Manant*, 1594, in-8°, a été réimprimé dans la *satire Ménippée*, Ratisbonne, 1722, 3 vol. in-8°, tom. III, p. 367-585.

Chefbobin et Chapmartin, qui furent pendus à Paris.

Une sentence du Châtelet, du 6 octobre 1614, interdit aux RR. PP. jésuites d'avoir une imprimerie particulière, dans leur collége de Clermont, à Paris; voici le texte de la sentence :

« Défenses sont faites au P. Loriot et aux prê-
« tres et écoliers du collége de Clermont de tenir
« aucunes presses (*sic*), caractères et ustensiles
« de librairie, imprimerie et reliure, ni d'en-
« treprendre à l'avenir sur l'art et fonctions
« desdits imprimeurs, libraires et relieurs de
« livres, à peine de confiscation et de 3000 liv.
« d'amende. »

Il faut se rappeler que le parlement de Paris venait, par arrêt du 26 juin précédent (1614), de condamner à être lacéré et brûlé par la main du bourreau, le livre de Suarès, intitulé *Défense de la Foi*, etc., comme renfermant des maximes séditieuses et prêchant le régicide.

En 1618, un poète, nommé Durant, pensionnaire de Louis XIII, composa contre ce Roi, sans doute par reconnaissance, un libelle intitulé *Ripazographie*. Convaincu d'en être l'auteur, il fut condamné à être rompu vif sur la place de Grève, et ensuite brûlé. Deux frères de la maison des Patrices, à Florence, furent exécutés avec lui, pour avoir transcrit et traduit cet ouvrage en italien; l'un fut pendu, et l'autre roué.

Dans la même année 1618, par ordonnance du bailli du Palais, furent condamnés Joseph Bouillerot et Melchior Mondiere, libraires-imprimeurs, pour avoir commencé à imprimer un libelle, savoir : ledit Bouillerot, à 12 liv. parisis d'amende, et ledit Mondiere, à 32 liv. parisis envers le Roi; et les feuilles imprimées, dit l'ordonnance, seront *rompues* et lacérées. Ce Bouillerot exerçait encore à Paris, en 1627, et Mondiere, en 1645.

Le gouvernement commença à prohiber les presses clandestines dès le commencement du dix-septième siècle; car l'article 15 du *Réglement de la Librairie*, de 1618, défend aux auteurs et correcteurs d'avoir ni imprimerie, ni presses dans leur maison ou ailleurs, etc. Cette défense a été souvent renouvelée.

Les nommés Jean Berjon et Samuel Petit, libraires-imprimeurs, avaient établi à Charenton une imprimerie, d'où sortaient des livres favorables à la réforme. Une sentence du 24 janvier 1620 leur ordonna de faire enlever leurs presses dans les vingt-quatre heures, et condamna au feu les livres qu'on y avait imprimés. C'est donc à tort que M. A. M. Lottin donne à entendre, dans son *Catalogue chronologique des Libraires de Paris* (seconde partie, p. 90), qu'il n'a jamais existé d'imprimerie à Charenton (1).

---

(1) C'est dans son article intitulé Imprimeries supposées *et qui n'ont jamais existé*, que son peu d'étendue me permet de rapporter ici en entier.

« On se tromperait fort, dit M. Lottin, si l'on croyait que
« l'imprimerie a exercé son art dans tous les lieux indiqués
« sur des frontispices de livres. Par exemple, dans la cha-
« leur des disputes du calvinisme, quantité de livres in-
« diquaient pour lieu de leur naissance, *Quevilly*, bourg de

En 1626, Louis XIII donne une déclaration ; et, en 1627, des lettres patentes, qui réitèrent toutes les défenses portées dans les ordonnances précédentes. Mais en janvier 1629, le même Roi publia une nouvelle ordonnance, où, dans l'article LII, il s'exprima ainsi : « Les grands désor-
« dres et inconvéniens que nous voyons naître
« tous les jours de la facilité et liberté des impres-
« sions, au mépris de nos ordonnances et au
« grand préjudice de nos sujets et de la paix et
« repos de cet État, corruption des mœurs, et
« introduction des mauvaises et pernicieuses
« doctrines, nous obligent d'y apporter un re-
« mède plus puissant qu'il n'a été fait par les pré-
« cédentes ordonnances, encore que la force des

« Normandie; *Charenton*, bourg de l'Ile-de-France, et
« même le *Dézert*, où il n'y eut jamais d'imprimerie. Il en
« est de même de certains romans qui veulent n'avoir été
« imprimés que dans des lieux romanesques. »

Il est possible que certains livres calvinistes portent à faux *Charenton* comme lieu de leur impression ; mais ce n'est pas une raison pour que M. Lottin prétende qu'il n'y a jamais eu d'imprimerie dans ce bourg. La sentence du 24 janvier 1620 prouve le contraire.

« *lois* consiste plus en la vigilance des magistrats,
« sur l'observation et exécution d'icelles, qu'en
« ce qu'elles contiennent. C'est pourquoi, sui-
« vant le LXXVIII° article des ordonnances faites
« à Moulins, nous défendons à tous imprimeurs
« d'imprimer, et à tous libraires ou autres
« de vendre ou débiter aucuns livres ou écrits
« qui ne portent le nom de l'auteur et l'impri-
« meur, et sans notre permission par lettres de
« notre grand sceau, lesquelles ne pourront être
« expédiées qu'il n'ait été présenté une copie du
« livre manuscrit, à nos chancelier ou garde des
« sceaux, sur laquelle ils commettront telles
« personnes qu'ils verront être à faire selon le
« sujet et la matière du livre, pour le voir et
« examiner et bailler sur icelui, si faire se doit,
« leur attestation, en la forme requise, sur la-
« quelle sera expédié le privilége. »

Une autre clause de cette ordonnance, pénible
pour les auteurs, et qui est rappelée dans un
arrêt du conseil du 29 avril 1678, est celle qui
prescrit de faire deux copies du manuscrit que
l'on veut faire imprimer, dont l'une originale

restera entre les mains du chancelier, et l'autre collationnée servira à l'impression. Sa majesté s'en remet cependant à la prudence du chancelier ou du garde des sceaux pour dispenser de fournir deux copies ceux qu'il jugera à propos, selon le mérite ou la dignité des auteurs.

Nous croyons pouvoir placer ici une petite digression sur les censeurs, puisqu'ils furent créés par l'ordonnance que nous venons de citer.

IV.

DIGRESSION SUR L'ÉTABLISSEMENT DE LA CENSURE TELLE QU'ELLE A EXISTÉ JUSQU'EN 1789.

Il nous semble que c'est de l'ordonnance de 1629 qu'on peut dater la véritable origine des censeurs nommés par le chancelier et pris parmi les hommes de lettres et les savans. Mais ils n'ont eu le titre permanent de censeurs royaux que long-temps après; car dans le principe ils n'étaient désignés que momentanément, et pour l'examen de l'ouvrage que leur renvoyait le chancelier.

Ce n'est pas que la censure proprement dite

ait commencé à l'ordonnance de 1629, dont nous parlons : elle était exercée, comme nous l'avons vu, par l'Université, dès le xiiie siècle ; et pendant très long-temps ce corps, qui s'était rendu si formidable, a fait valoir ses droits exclusifs à la censure universelle, comme les tenant du pape. Mais depuis Charles IX et les troubles qui ont signalé le règne de Henri III, et surtout la Ligue, l'Université ayant un peu perdu de son crédit et de sa puissance, fut insensiblement réduite à la censure des écrits sur la religion. Quant à l'examen des livres de droit et d'histoire, dans lesquels on peut agiter des questions qui intéressent l'État, les maîtres des requêtes en furent d'abord chargés ; ils ont exercé ces fonctions jusqu'au règne de Henri IV, et même sous ce prince, et sous le commencement de celui de Louis XIII. Ce dernier prince, par lettres patentes de 1624, confia l'examen des livres concernant la religion à quatre docteurs de la Faculté de théologie, et les rendit responsables de leur approbation ; ce qui prouve que les livres étrangers à la religion avaient d'autres examinateurs pris parmi les laïques.

Ces derniers examinateurs ont donc exercé depuis 1629, conformément à la clause de l'ordonnance qui dit : « Nos chancelier ou garde « des sceaux commettront telles personnes qu'ils « verront être à faire selon le sujet et la matière « du livre, pour le voir et examiner et bailler « sur icelui, si faire se doit, leur attestation en « la forme requise, sur laquelle sera expédié le « privilége. » Cette forme était : « J'ai lu, par « ordre de M. le chancelier, un manuscrit inti- « tulé....... Je n'y ai rien trouvé qui puisse en « empêcher l'impression. » Puis le manuscrit devait être signé par l'examinateur au bas de chaque page, et à toutes les surcharges ou ratures qui pouvaient s'y trouver ; en outre, chaque feuille du premier exemplaire sortant de dessous la presse devait également être signée du censeur, pour que l'on fût assuré que l'imprimé était parfaitement conforme au manuscrit approuvé.

Mais, ainsi que nous l'avons dit plus haut, les examinateurs laïques n'étaient nommés, dans le principe, qu'isolément et pour l'examen d'un seul ouvrage. Ce n'est que vers 1741 qu'on nomma des censeurs royaux en certain nombre, pour chacune des parties des connaissances humaines, et avec un titre permanent. C'est ce que prouve la liste des censeurs royaux donnée par Lottin de Saint-Germain, dans son *Catalogue chronologique des libraires, etc., de Paris*, 1789, in-8º. livre aussi utile que curieux (*voyez partie Ire passim*, depuis la page 280 jusqu'à la 284e), on y trouvera dix censeurs royaux nommés pour la *théologie*; dix pour la *jurisprudence*; un seul pour la *jurisprudence maritime*; dix pour la *médecine, histoire naturelle et chimie*; deux pour la *chirurgie et anatomie*; huit pour les *mathématiques*; trente-cinq pour les *belles-lettres*; un pour la *géographie*, la *navigation* et les *voyages*; un pour la peinture, gravure et sculpture; enfin un pour l'architecture. Ces soixante et dix-neuf censeurs royaux figurent sur la liste comme exerçant en 1742, et continuant à exercer jusqu'à telle ou telle année, époque de leur mort ou de leur remplacement; et cela continua ainsi jusqu'à 1787, ou plutôt jusqu'à la révolution.

On trouve encore plusieurs autres listes intéressantes dans l'ouvrage de Lottin, telles que celles des chanceliers, des premiers présidens du Parlement, des prevôts de Paris, des recteurs de l'Université, que l'auteur n'a pu commencer qu'à 1470, époque de l'établissement de l'imprimerie à Paris; celle des lieutenans de police, créée en 1667; celles des conseillers d'État, maîtres des requêtes, composant le bureau du conseil pour les affaires de la librairie, depuis 1717; celle des directeurs généraux de la librairie, depuis 1672; celle des secrétaires généraux de la librairie, depuis 1737; celle des censeurs royaux, depuis 1742; celle des inspecteurs de la librairie, depuis 1737, etc., etc. Toutes ces listes, rangées règne par règne, se continuent jusqu'à la révolution. Il paraît que l'idée de les ajouter à son ouvrage n'est venue à Lottin qu'après l'impression du volume; car elles sont intercalées sans pagination, sous chaque règne, dans la première partie de son livre.

Reprenons maintenant la liste des faits interrompus par la digression sur les censeurs.

En 1625, Sébastien Cramoisy, célèbre imprimeur de Paris, prétendit avoir le droit d'imprimer en Lorraine (qui alors n'appartenait pas à la France), en vertu du brevet à lui accordé par le roi, pour servir le duc de Lorraine, en qualité de son libraire et imprimeur; mais un arrêt du conseil du 18 novembre de la même année 1625 lui défendit expressément d'imprimer hors du royaume de France, tant qu'il serait imprimeur et libraire en l'Université de Paris, à peine de confiscation et d'amende arbitraire.

La Chambre de l'édit, séante à Béziers, rendit, le 6 octobre 1626, un arrêt par lequel elle condamna à être brûlé par la main du bourreau, l'ouvrage suivant: *Discours des vrayes raisons pour lesquelles ceux de la religion en France peuvent et doivent en bonne conscience résister par armes à la persécution ouverte que leur font les ennemis de leur religion et de l'estat; par un des députés de l'assemblée de La Rochelle* (Branchet de la Milletiere), sans lieu d'impression, 1622, in-8° de 70 pages, livret très-rare. Grotius a désapprouvé l'auteur d'avoir publié un pamphlet si propre à rendre odieuse aux puissances la cause des réformés; et en général, ce livre a choqué toutes les personnes modérées du parti protestant.

Je ne sais où j'ai lu un fait qui, quoique passé à l'étranger, peut trouver place ici, puisqu'il a rapport à la répression de la liberté de la presse. Vers 1646, Isaac Volmar, docteur en droit, conseiller de l'archiduc Ferdinand-Charles, et l'un des plénipotentiaires de l'empereur pour le traité de paix de Westphalie, composa une petite plaisanterie, intitulée : *Bibliothèque française et suédoise; imprimé partout, par personne, à l'enseigne de la Vérité*, in-8°. C'était un recueil de faux titres de livres, formant épigrammes sur les intentions prétendues des Français et des Suédois, dans la guerre qui précéda le traité de Westphalie; on assure que l'auteur fut mis en prison, et que l'imprimeur passa par les verges.

En 1649, un libraire de Paris, nommé Vivenay, avait son imprimerie dans l'hôtel de Condé; là s'imprimaient beaucoup de pièces satiriques sur les affaires du temps (1). Vivenay ayant été surpris les distribuant, fut mis au Châtelet, et condamné aux galères pour cinq ans, sauf son appel à la cour. Guy Patin, dans ses lettres à Spon, tom. I, p. 250, s'exprime ainsi à ce sujet, sous la date du 16 novembre 1649 : « Un petit « libraire du Palais, grand vendeur de pièces « mazarinesques depuis notre guerre, a été sur- « pris distribuant quelques papiers diffamatoires

---

(1) Ce temps (celui de la Fronde) a été le plus fécond en diatribes, en satires effrénées, en libelles diffamatoires pour ou contre le cardinal Mazarin et autres seigneurs de la cour. La licence était poussée au dernier degré ; on en peut juger par le titre seul de la plupart de ces pièces, connues sous le nom de *Mazarinades*, et dont on trouvera le détail dans le *Catalogue des livres précieux* du duc de La Vallière, 3 vol. in-8°., *voy.* le n° 5219, tom. III, p. 251-262. Le recueil de ces pièces, commencé par M. Secousse, et continué par le duc de La Vallière, consistait en soixante-sept portefeuilles. Tout y était disposé par ordre alphabétique et par années, de 1648 à 1652. Sandricourt et Scarron sont auteurs de la plupart des pièces versifiées en style burlesque. Ce Recueil *des Mazarinades*, le plus complet que l'on connaisse, a été vendu, en 1784, 393 fr. ; et le Jugement *de tout ce qui a été imprimé contre le C. Mazarin, depuis le 6 janvier jusqu'à la déclaration*

« contre le sieur d'Emeri, surintendant ; il a
« été mis au Châtelet, où il a été condamné aux
« galères pour cinq ans, sauf son appel à la cour,
« où il y a apparence qu'il ne sera pas si rude-
« ment traité. Ce pauvre malheureux s'appelle
« *Vivenet* (lisez *Vivenay*). » J'ignore quel a été le
résultat de son appel ; mais, à partir de 1649,
on ne le voit plus figurer parmi les libraires de
Paris.

---

du 1er *avril* 1649, *par Mascurat* (Gab. Naudé), in-4°, gr. pap., exemplaire complet de 718 pag., a été porté à la somme de 40 liv. Ce dernier vol. va nécessairement avec le recueil qui, selon M. Brunet, ne conserve de valeur que lorsqu'on y trouve les pièces rares ci-après : *La Pure Vérité cachée, en vers,* contre la reine-mère. = *Le Gouvernement présent ou Éloge de son Éminence, Satire ou la Miliade,* en vers. = *La Famine ou les Putains à cul, par le sieur de la Valise, chevalier de la Treille,* 1649, en vers. = *La Custode de la Reyne qui dit tout,* 1649, en vers. = *Le Tempérament amphibologique des testicules de Mazarin, avec sa médecine, par Jean Chapoli, son médecin,* 1651, en vers et en prose. = *La Bouteille cassée attachée avec une fronde au cul de Mazarin,* 1652, en vers. Ces pièces sont notées, dans le Catalogue de La Vallière, comme les plus rares du recueil.

Dans la même année, 1649, Claude Morlat, libraire-imprimeur, fut condamné à être pendu, au mois de juillet, pour avoir imprimé une satire contre la Reine (1). Il fut sauvé par le peuple.

Simon Morin, espèce d'illuminé, qui avait publié, en 1647, des folies, sous le titre de *Pensées de Morin, dédiées au roi*, etc., fut déclaré, par sentence du 20 décembre 1662, coupable *d'avoir pris la qualité de fils de l'homme, entendu fils de Dieu, et sous icelle d'être auteur d'une dampnable doctrine qu'il aurait enseignée verbalement et par écrit*, etc.; et, en conséquence, il fut condamné à faire amende honorable et à être brûlé vif, avec son livre intitulé : *Pensées*, etc. Quant à ses complices, François Rondon, prêtre; Marin Thouret, prêtre; Jean Poitou, maître d'école; et Marguerite Langlois, veuve Nadot, dit Malherbe, ils sont condamnés à assister à l'exécu-

---

(1) Cette pièce pourrait bien être LA CUSTODE *de la Reyne qui dit tout*, en vers, 1649, diatribe très forte contre la reine-mère, et qui est excessivement rare; ou peut-être LA PURE *vérité cachée*, en vers, autre diatribe contre la même princesse, et qui n'est pas moins rare que la précédente.

tion, ladite Malherbe à être battue et fustigée, nue, par l'exécuteur, et flétrie d'un fer chaud marqué de deux fleurs de lis, l'une sur l'épaule dextre, et l'autre sur l'épaule sénestre, puis bannie à perpétuité; et lesdits Thouret et Poitou à être attachés à la chaîne, et envoyés aux galères; le fils Morin, banni pour cinq ans, et la mère Morin, acquittée; puis Rondon, renvoyé à plus ample informé, par arrêt du parlement, confirmant la sentence ci-dessus. Cet arrêt fut exécuté le 14 mars 1643.

François Muguet, imprimeur ordinaire du Roi, depuis 1661, a été décrété de prise de corps le 29 avril 1663, pour avoir imprimé une bulle publiée dans le lit de justice de ce jour. L'arrêt qui le décrète, défend de publier aucune bulle, si elle n'est revêtue de lettres-patentes enregistrées à la cour; cela a toujours été observé depuis.

Un arrêt du 9 décembre 1670, confirmant celui du 1er avril 1620 et celui du 18 août 1666, fait défense à toute personne de vendre aucuns libelles écrits, qualifiés de gazettes à la main, à peine du fouet et bannissement pour la première fois, et des galères pour la seconde. Ainsi ce n'est pas seulement contre les abus de la presse, c'est-à-dire contre les livres imprimés, que le gouvernement cherchait à sévir; il poursuivait encore les écrits à la main, dont les copies multipliées étaient relatives à des objets propres à exciter sa surveillance : c'est ce qu'on appelait les gazettes à la main; et ces gazettes n'avaient guère rapport qu'aux querelles du jansénisme.

Déclaration du Roi du 4 juin 1674, qui révoque les priviléges et permissions générales accordés à toutes communautés ecclésiastiques ou séculières, de quelque qualité ou dignité qu'elles puissent être, de faire imprimer des livres sous prétexte qu'elles en ont besoin ou qu'elles les ont composés. — Un arrêt du conseil, du 13 mai 1686, étend cette révocation de permissions générales à tous particuliers qui les auraient obtenues.

Un édit de Louis XIII, du mois d'août 1617, avait prescrit de déposer gratuitement à la Bibliothéque royale deux exemplaires de tout ouvrage

imprimé. — Un arrêt du conseil, du 21 octobre 1638, enjoignit d'en mettre aussi deux exemplaires dans la bibliothéque de M. le chancelier. — Nouvel arrêt, du 29 mars 1656, qui renouvelle la même injonction. Il paraît qu'on ne se conforma pas exactement à ces différens ordres; car un autre arrêt du conseil, du 17 mai 1672, ordonne à tous auteurs, libraires et imprimeurs qui, depuis vingt ans, auraient négligé de faire les dépôts prescrits, d'avoir à réparer cette négligence, en remettant aux bibliothéques du Roi et du chancelier les exemplaires exigés, de tous les livres qu'ils auraient imprimés depuis cette époque. Ce qui me paraît assez singulier, c'est qu'en 1676, la dame Madelaine Fabry, veuve du chancelier garde des sceaux, réclama tous les exemplaires de livres qui auraient dû être versés depuis vingt ans dans la bibliothéque de feu son mari; et un arrêt du 1er mai 1676 condamna les libraires « à rapporter et mettre ès mains
« de ladite dame chancelière un exemplaire de
« tous les livres imprimés ou estampes gravées
« depuis ledit temps, dont lesdits exemplaires
« n'auraient pas été fournis; autrement, et à faute

« de ce faire dans le délai de quinzaine, Sa Ma-
« jesté déclare tous lesdits livres et estampes con-
« fisqués. »

Arrêt du conseil, du 7 septembre 1701, portant, article 2 : « Qu'aucun imprimeur, libraire, ou autres, ne pourront faire imprimer ou réimprimer, en aucun lieu du royaume, aucun livret sans en avoir obtenu permission des juges de police des lieux, et sans une approbation de personnes capables, choisies par lesdits juges pour l'examen desdits livrets. Sous lequel nom de livrets ne seront compris que les ouvrages n'excédant pas la valeur de deux feuilles caractère *cicero*. »

En 1704 un nouvel arrêt du conseil, du 15 octobre, porta à huit le nombre d'exemplaires de chacun des livres, feuilles et estampes que l'on imprimait ou réimprimait, pour être remis gratuitement et sans frais aux syndic et adjoints, chargés de les distribuer dans l'ordre suivant : deux au garde de la bibliothéque du Roi, deux au garde du cabinet du château du

Louvre, un à la bibliothéque du chancelier, un pour l'examinateur de l'ouvrage, et trois pour la communauté des libraires et imprimeurs. Maintenant le dépôt est fixé à deux exemplaires; il était de cinq sous l'Empire, et plusieurs années après.

Arrêt du conseil, du 29 juillet 1707, qui défend d'imprimer, vendre et débiter des *Heures* et *Priè-res* sans permission et privilége, à peine d'amende de 100 livres. — Autre arrêt, du 22 juin 1723, qui interdit l'impression d'aucuns livres, même livres d'usages, de classe, et autres de quelque nature qu'ils puissent être, feuilles volantes, etc., sans privilége ou permission du grand sceau.

Déclaration du Roi du 10 mai 1728, qui rappelle tous les principaux édits, ordonnances, déclarations et réglemens concernant l'imprimerie, et réitère l'ordre de les exécuter. Cette déclaration est en douze articles. Le second porte la peine du carcan et des galères contre tout imprimeur qui imprimera des ouvrages sans privilége ni permission. L'article VIII défend de se servir de rouleaux dans l'imprimerie. L'article X assujettit les colporteurs, distribuant de mauvais livres, aux mêmes peines que celles portées à l'article 11 contre les imprimeurs. L'article xii interdit à toute personne, de quelque état et condition qu'elle soit, d'avoir presse particulière chez soi, à peine de 3000 livres d'amende.

En 1730, un libraire de Paris avait obtenu un privilége pour publier un livre intitulé *Véritable Calendrier chronologique et historique*; l'ayant réimprimé en 1731 et 1732, avec quelques légères additions, sans avoir demandé un nouveau privilége, un arrêt du conseil, du 31 janvier 1733, supprima l'ouvrage.

En 1737, un arrêt du conseil, du 18 mars, ordonne, sur la réquisition de M. de Chauvelin, intendant de Picardie, la suppression d'ouvrages sur les affaires du clergé, imprimés sans permission, chez un nommé Charles Redé, imprimeur à Amiens; interdit les fonctions d'imprimeur audit Redé; confisque les presses, caractères, ustensiles et papier, et en ordonne la vente, pour le prix être appliqué à l'hôpital d'Amiens.

En 1737, Charles Ferrand, libraire à Rouen, fait réimprimer dix mille exemplaires d'*Heures nouvelles, dédiées à madame la Princesse;* il ne fait pas renouveler le privilége qu'il avait obtenu pour la première édition ; les dix mille exemplaires sont confisqués par arrêt du conseil du 28 janvier 1738.

Arrêt du conseil, du 24 mars 1744, qui ordonne que le réglement du 28 février 1723, en XVI titres et en 124 articles, sur l'imprimerie et la librairie, fait d'abord pour la ville de Paris, est étendu à toutes les villes du royaume. Ce réglement, le plus considérable de tous ceux qui ont paru, renferme les dispositions les plus minutieuses sur toutes les parties de l'imprimerie et de la librairie. Saugrain en a donné une excellente édition dans son *Code de la Librairie, avec les anciennes ordonnances depuis* 1332. *Paris,* 1744, in-12 de XXIV-498 pag., sans la table de 13 feuillets.

Un arrêt du conseil d'état, du 21 janvier 1667, destitue de sa qualité de marchand libraire-imprimeur, à Lyon, le nommé Réguillat, pour contravention aux réglemens de la librairie, et le condamne à 300 liv. d'amende. Ce Réguillat avait déjà été puni pour avoir imprimé des livres contraires à la religion, à l'état, et aux bonnes mœurs, et il avait néanmoins continué à en vendre et à en débiter. (Voy. *Tablettes chronologiques pour servir à l'Histoire de Lyon*, de 1751 à 1789 (par M. Péricaud). *Lyon*, Rusand, 1832, in-8°., p. 14. Ce curieux Opuscule, de 48 pag., caractère petit-texte, grande justification, n'a été tiré qu'à CENT exemplaires. L'auteur a publié en même temps une suite plus curieuse encore, de 1789 à 1800, in-8° de 114 p., tirée également à CENT exemplaires.)

En 1768, vers la fin de septembre, on a exécuté un arrêt du parlement de Paris, qui condamne J.-B. Jossevand, garçon épicier, Jean Lécuyer, brocanteur, et Marie Suisse, sa femme, à être attachés au carcan pendant trois jours consécutifs; et en outre, ledit Jossevand, à la marque et aux galères pendant neuf ans; Lécuyer, pendant cinq ans; et Marie Suisse, à être enfermée pendant cinq ans, pour avoir, comme colporteurs, vendu des livres contraires aux bonnes mœurs et à la religion. Ces livres étaient : 1°. *Le Christianisme dévoilé* (attribué à Boulanger, mais du baron d'Holbac); *Londres* (Nancy, Leclerc), 1756 (1761), in-8°, et 1767, in-12; 2°. l'*Homme aux quarante écus* (par Voltaire), Amsterdam, 1768, in-8°.; 3°. *Ericie, ou la Vestale*, drame en vers (par Dubois Fontanelle). *Londres*, 1768, in-8°.; lesquels ouvrages ont été lacérés, et brûlés par le bourreau, lors de l'exécution des condamnés. Bachaumont dit dans ses *Mémoires secrets* : « On s'est récrié contre la sévérité d'un « pareil arrêt, qu'on attribue à M. de Saint- « Fargeau, président de la chambre des vacations, « homme dur et inflexible. » Cependant il n'a fait qu'appliquer aux coupables l'article 2 de la déclaration du 10 mai 1728.

En 1782, Pavie, imprimeur à Angers, fut arrêté et conduit à la Bastille, par lettre de cachet, pour avoir imprimé clandestinement le *Supplément aux lettres de l'Espion Anglais* (par Lanjuinais, l'oncle du comte Lanjuinais). *Londres* (Angers), *J. Adamson*, 1781, in-12.

L'Espion Anglais, Londres, Adamson, 1780-1784, 10 vol. in-12, est de Pedanzat de Mairobert, qui, par parenthèse, a été censeur royal, de 1755 à 1779 ; et les quatre premiers volumes de l'*Espion* avaient déjà paru clandestinement en 1777. Revenons à Pavie ; après son arrestation, survint un arrêt qui enjoignit à la chambre d'Angers de casser son imprimerie et de vendre toute sa librairie.

V.

DE LA DIFFICULTÉ DE FAIRE UNE LOI QUI MAINTIENNE LA LIBERTÉ DE LA PRESSE DANS DE JUSTES LIMITES.

Tous les faits, tous les actes que nous venons de rapporter, et auxquels nous pourrions en ajouter mille autres (sur lesquels nous avons des notices assez détaillées), prouvent la lutte qui a constamment existé, relativement à la liberté de la presse, entre l'autorité qui cherchait à la restreindre, et certains écrivains toujours occupés à l'étendre. Malheureusement cette lutte existera continuellement, quoique tout le monde soit convaincu et convienne qu'une sage liberté d'écrire est la garantie de la tranquillité et de la prospérité de l'état, la sauve-garde de la religion et des mœurs, la source de la splendeur et de la gloire des lettres, tandis que la licence est la mère des fléaux les plus terribles qui puissent accabler, ravager, bouleverser la société. Pourquoi donc, avec la conviction d'une telle vérité, ne s'accorde-t-on pas à jouir des bienfaits de la liberté, et à éviter les dangers de la licence? Pourquoi? parce qu'il n'est donné à aucun être sur la terre, ni gouvernement, ni publiciste, ni vrai philosophe, de tracer d'une manière positive, et à l'abri de toute réclamation, la vraie ligne de démarcation entre la liberté et la licence.

Au reste, on a dit depuis long-temps : *tot capita, tot sensus;* c'est bien, en fait de liberté d'écrire, que l'on peut faire l'application de cet axiome. Tel ouvrage paraîtra mauvais et dangereux à l'un, qui sera bon et utile aux yeux de l'autre : je ne parle pas de ces temps d'effervescence, où le juste et l'injuste, le vrai et le faux, le bien et le mal, sont tellement confondus, que la plupart de ceux qui raisonnent semblent avoir fait divorce avec le sens commun ; je parle de ces temps de calme, où le langage de la raison se fait ordinairement mieux entendre : le *Télémaque*, par exemple, n'a-t-il pas été réprouvé, proscrit par Louis XIV, critiqué par quelques zoïles obscurs? et cependant, quel livre est maintenant plus estimé, plus admiré, plus répandu ? Les *Provinciales* n'ont-elles pas eu le même sort? Les écrits des Balzac, des Voiture, des Saint-Évremont, n'ont ils pas causé, dans leur temps, un engouement extraordinaire? Qu'y a-t-il aujourd'hui de plus négligé? nous ne parlons ici que des ouvrages littéraires. Que serait-ce si nous abordions la longue série des écrits que font éclore les temps de trouble et d'orage, les schismes, les affaires de parti, les tourmens politiques? nous en pourrions citer mille, portés aux nues par les uns, et traînés dans la fange par les autres. C'est alors que la divergence d'opinion, sur les productions de l'esprit, prend une plus grande extension : voyez, du temps de la ligue, les discours incendiaires des Seize, les divagations furibondes des J. Boucher, des Gontier, des Guérin, contre Henri IV, dans la chaire de vérité : voyez ces harangues de sang et de proscription vomies à la tribune par les Marat, les Hébert, etc. ; toutes ces horreurs étaient applaudies d'enthousiasme par le peuple trompé, égaré, tant que la fermentation a duré ; et, peu après, quand le calme a été rétabli, elles ont été et seront à jamais l'objet de l'exécration publique. Tout dépend donc des temps, des circonstances, de l'opinion et du caractère des divers écrivains. On a fait, on a dit, on a écrit telles choses que l'on a trouvées admirables dans un temps où toutes les passions étaient dans le plus haut degré d'exaltation ; qu'on reproduise ces mêmes choses ailleurs ou dans un temps plus calme, on sera le premier à en rougir, si l'on a conservé quelque pudeur, parce que ces choses exciteront alors, chez toutes les personnes sensées, une indignation générale (1).

---

(1) Nous citerons pour exemple un certain discours, monument le plus singulier, le plus bizarre, le plus absurde peut-être, qui ait paru en 1793, dans le temps des saturnales révolutionnaires, où le culte de la Raison était la religion dominante. Nous avons retrouvé ce discours dans nos recueils de brochures sur la révolution ; il a été pro-

Nous ne pouvons trop insister sur la nécessité de se méfier des circonstances où l'on se trouve ; de réfléchir et faire attention aux suites d'un ouvrage qui, écrit à la lueur de la torche des dis-

noncé dans une société populaire, le 25 brumaire an 11 (15 novembre 1793), jour de l'inauguration du buste de Marat. Si ce discours n'offrait que l'éloge de ce dégoûtant et féroce cannibale, dont on a fait passer le cadavre infect par les honneurs du Panthéon, pour l'aller ensuite jeter ignominieusement dans l'égout de Montmartre, nous nous garderions bien d'en parler ; cette plate jérémiade ressemblerait à tant d'autres qui ont eu lieu dans le temps ; mais il s'y trouve un passage qui nous a paru aller au-delà de toute dégradation morale et religieuse, même de celle qui existait alors. C'est un parallèle, oserons-nous le dire, entre Jésus-Christ et le héros du jour, l'infâme Marat. Comment concevoir que l'imagination a pu descendre à ce degré d'égarement ! Nous ne voulions point salir notre ouvrage de ce morceau, peut-être plus ridicule encore qu'impie ; mais on nous a fait observer que, pour empêcher le retour de ces temps d'affreuse mémoire, il était bon de présenter dans leur nudité, toute hideuse qu'elle est, les monumens qui les ont signalés. Voici donc ce passage, tel qu'on le trouve, p. 6-7 du discours en question ; l'orateur établit ce parallèle sans transition, sans liaison avec ce qui précède et avec ce qui suit.

« Jésus-Christ et Marat, dit-il, furent tous deux philo-

cordes civiles, obtient d'abord quelque succès, et devient ensuite un objet de honte pour l'auteur et d'effroi pour le public, quand la justice, la vérité et la raison reprennent le dessus ; et elles le reprennent toujours, un peu plus tôt, un peu plus tard.

Mais, diront quelques moralistes de cabinet,

« sophes ; tous les deux aimèrent le peuple et haïrent les
« tyrans ; tous les deux furent persécutés par les grands.
« Jésus-Christ enseignait sa doctrine dans les déserts, et
« Marat dans des souterrains ; tous les deux quittèrent leur
« solitude. Jésus-Christ vint instruire le peuple dans Jéru-
« salem, et Marat dans Paris ; tous deux dénoncèrent les
« grands au peuple, et furent aimés de lui ; Jésus-Christ,
« quelque temps avant sa mort, fut porté en triomphe par
« le peuple de Jérusalem ; et Marat, quelque temps avant
« la sienne, fut porté en triomphe dans la Convention, par
« le peuple de Paris ; tous les deux voulurent l'égalité ;
« Jésus-Christ réprima l'orgueil des scribes et des phari-
« siens, et Marat celui des nobles et des prêtres ; tous les
« deux détestèrent les accapareurs et les agioteurs ; Jésus-
« Christ renversa les tables des marchands d'argent, et
« Marat ne cessa de crier contre les banquiers de la rue
« Vivienne ; tous les deux furent victimes de leur amour
« pour l'égalité, tous les deux moururent pour elle : mais
« la mort de Jésus-Christ amena la contre-révolution dans

quelques théoriciens fort habiles, n'existe-t-il pas des règles immuables de justice, de morale, de raison, gravées dans le cœur de tous les hommes, universellement reconnues ? Comment ne s'en sert-on pas pour poser les colonnes d'Hercule en fait de liberté de la presse ? tout ce qui serait en-deçà serait permis ; tout ce qui serait

---

« la Judée, et le peuple, en perdant son ami, rentra dans
« l'ignorance et sous le joug de ses maîtres ; la mort de
« Marat, au contraire, a affermi la révolution dans la France,
« et le peuple, en perdant son ami, a ouvert les yeux, et
« en est devenu plus redoutable aux ennemis de sa liberté.

« Citoyens, Marat mérite notre encens ; mais ne le déi-
« fions pas : ne voyons en lui qu'un homme qui a bien
« servi son pays, etc. »

Ce bon citoyen Marat, à demi-déifié, car il a été quelques mois au Panthéon ; ce bon citoyen, dis-je, qui demandait sans cesse que l'on fît tomber huit cent mille têtes, eût bien certainement perdu la sienne sur l'échafaud, si Charlotte Corday n'eût prévenu cet acte de justice en délivrant la France de ce malheureux couvert de lèpre, au moment où il prenait un bain, le 14 juillet 1793 ; elle-même a été exécutée le 17 du même mois. La veuve de Marat a long-temps survécu à son mari, car elle n'est morte à Paris que le 24 février 1824, et a été enterrée au cimetière La Chaise.

au-delà serait défendu. Oui, cela serait très bien, et même facile à exécuter, si, d'abord, dans l'immense diversité des opinions, il ne se trouvait pas des myriades de nuances pour passer du bon au mauvais, et si tous les hommes avaient reçu de la nature une rectitude de jugement, une force de caractère, une dose de raison, telles qu'ils fussent toujours disposés à fermer l'oreille aux passions, à la corruption, et à faire à toutes leurs actions une stricte application des principes de cette justice et de cette morale éternelles, gravées au fond de la conscience, et sur lesquelles reposent la tranquillité et le bonheur de la société dans les temps calmes. Mais il en est tout autrement, et bien autrement dans les temps de troubles et de révolution, où les passions déchaînées foulent aux pieds la justice et la vérité, mettent tout en problème, et faussent le jugement de la multitude, en la séduisant par des théories qui la flattent. Je dis plus; non seulement dans ces circonstances épineuses, mais dans tous les temps, si, pour commencer l'opération que vous proposez, il était d'abord question de délibérer sur l'emplacement de vos colonnes d'Hercule, je suis bien convaincu qu'au lieu de les laisser au détroit de Gibraltar, où le héros mythologique les a fixées comme terme obligé de ses courses, les uns voudraient les ramener jusqu'à l'isthme de Suez, et les autres les reculer jusqu'au milieu du grand Océan; on ne s'entendrait pas plus pour poser la limite que pour l'observer. Oui, je le répète, la lutte sur la liberté de la presse, dans laquelle on a déjà versé tant de flots d'encre (1) (et mal-

---

(1) On formerait une bibliothéque de tous les ouvrages, opuscules, pamphlets, brochures qui ont paru depuis quarante ans seulement, sur la liberté de la presse, sur la censure, ainsi que sur les réglemens de l'imprimerie et de la librairie.

Dès 1790, Mirabeau avait imité, dans son traité Sur la liberté de la presse, in-8° de 62 pag., l'*Areopagitica* que Milton composa vers 1645 pour soutenir la liberté illimitée de la presse. On a reproduit en 1826 l'ouvrage de Mirabeau sous ce titre : De la liberté de la presse *et de la censure*, traduit de Milton. *Paris*, 1826, in-32 de 64 pages.

Parmi l'immense quantité d'écrits publiés à ce sujet, je vais indiquer, par leur titre, les premiers qui se présenteront à ma mémoire :

Réflexions sur la liberté de la presse (par Thomassin). *Strasbourg*, 1790, in-12; seconde édition, 1791, in-12.

heureusement autre chose que de l'encre), subsistera tant qu'il y aura des écrivains et des imprimeries. Et dans cette lutte, le point excessivement difficile, pour ne pas dire impossible,

---

Mémoires sur la librairie et sur la liberté de la presse; par M. de Lamoignon-Malesherbes. *Paris*, 1809, in-8°; sec. édit., *Paris*, 1814, in-8°; troisième édit., *Paris*, 1827, in-8°.

Liberté de la presse, cause principale de la révolution. Malheurs irréparables qu'elle a produits en France, en Europe et dans les Deux-Mondes; par M. (Mignonneau). *Paris*, 1814, in-8° de 32 pages.

Liberté de la presse (par A.-J.-Q. Beuchot). *Paris*, 1814, in-8° de 24 pages.

De la liberté des brochures, des pamphlets et des journaux, sous le rapport de l'intérêt du gouvernement; par Benjamin Constant. *Paris*, 1814, in-8° de 80 pages.

Observations sur le Discours prononcé par le ministre de l'intérieur, en faveur du projet de loi sur la liberté de la presse; par Benjamin Constant. *Paris*, 1814, in-8°. L'auteur avait déjà écrit sur la presse, sous l'empire, mais dans un sens un peu différent.

De la censure, et beaucoup d'autres opuscules sur la liberté de la presse, par M. de Châteaubriand. *Paris*, 1824, 1827, 1828; *brochures* in-8°. Tous ces écrits, où l'auteur se montre constamment zélé partisan de la liberté de la presse, ont été réunis et forment le tom. XXVII de

est, et sera toujours, de trouver le moyen de remédier aux abus de la licence, sans arbitraire, sans vexations, et sans porter quelque atteinte aux droits d'une sage liberté.

---

ses *OEuvres complètes*, édition de Ladvocat, 1828, vol. in-8°. de XII-372 pag.

Sur la liberté de la presse ; par M. de Bonald, *Paris*, 1826, in-8°.

Observation sur cet écrit de M. de Bonald ; par G. A. Crapelet, imprimeur. *Paris*, 1826, in-8°.

Défense de la liberté de la presse contre les attaques de M. de Bonald ; par Sarran. *Paris*, 1826, in-8°.

De la liberté et de la licence de la presse ; par M. Clausel de Coussergue. *Paris*, 1826, in-8°.

Examen du projet de loi contre la presse ; par A. Ch. Renouard. *Paris, impr. de P. Renouard, chez J. Renouard*, 1827, in-8°.

De la liberté de la presse illimitée, considérée sous le rapport de la responsabilité légale des écrits après leur publication, etc.; par M. C. P. Lasteyrie. *Paris*, 1830, in-8°.

Observations sur la proposition de M. Benjamin Constant, relative à la suppression des brevets d'imprimeur et de libraire ; par G. A. Crapelet, imprimeur. *Paris*, 1830, in-8°. La proposition injuste et désastreuse de Benjamin Constant est combattue et réfutée victorieusement dans cet écrit.

Ajoutons à cette petite nomenclature les titres de quel-

Cette difficulté a été parfaitement sentie et très bien exprimée par un célèbre Anglais, Samuel Johnson, dans ses réflexions relatives à l'*Areopagitica* de Milton, ouvrage où ce fougueux

---

ques ouvrages assez importans sur les réglemens de l'imprimerie et de la librairie.

RECUEIL des statuts et réglemens des libraires et imprimeurs de Paris; par Bouchel, avocat. *Paris*, 1620, in-4°. On voit, dans cet ouvrage, que la communauté des imprimeurs et libraires a été établie en 1618.

CODE de la librairie et de l'imprimerie de Paris, etc., avec les anciennes ordonnances, édits, déclarations, arrêts, réglemens et jugemens rendus au sujet de la librairie et de l'imprimerie, depuis 1332 jusqu'à présent (par Cl. Marin Saugrain, père). *Paris*, 1744, in-12; ouvrage intéressant.

CODE des imprimeurs, libraires, écrivains et artistes, ou Recueil et concordance des dispositions législatives qui déterminent leurs obligations et leurs droits; suivi d'un choix de Discours prononcés dans les deux Chambres, et propres à rendre plus facile l'application des règles concernant la liberté de la presse; par F. A. Pic, juge au trib. de prem. inst. de Lyon. *Paris*, 1825, 2 vol. in-8°. *avec un tableau;* ouvrage estimé.

CATALOGUE chronologique des libraires de Paris, depuis 1470 jusqu'à présent (par Aug. Martin Lottin). *Paris*, 1789, 2 *parties en* 1 vol. in-8°; ouvrage plus curieux que son titre ne l'annonce.

républicain, cité déjà dans la note précédente, soutient la liberté indéfinie de la presse : « Le « danger d'une pareille liberté illimitée, dit John- « son, et celui d'y mettre des bornes, ont pro- « duit, dans la science du gouvernement, un « problème que jusqu'ici l'esprit humain n'a « pu résoudre. Si l'on ne doit rien publier « que ce qui aura été auparavant approuvé par « l'autorité civile, la puissance sera toujours la « pierre de touche de la vérité. D'un autre côté, « si tout novateur peut propager ses projets, il « n'y a rien de stable; si chaque homme indis- « posé contre le gouvernement peut répandre « le mécontentement, il n'y aura point de « paix (1); et si chaque sceptique en théologie « peut enseigner ses folies, il ne peut y avoir de « religion. Le remède contre ces maux est de « punir les auteurs; car on ne laisse pas de con- « venir que toute société peut, sinon prévenir,

---

(1) Je dis plus, il est impossible de gouverner, et même tôt ou tard le gouvernement succombe sous les coups redoublés d'une nuée d'ambitieux, de factieux, de folliculaires qui s'acharnent à sa perte. *Voy.* la fin du règne de Louis XVI.

« au moins punir la publication des opinions
« qu'elle jugera pernicieuses : mais, quoique
« cette punition puisse être funeste à l'auteur,
« elle donne de la vogue au livre ; et il ne paraît
« pas plus raisonnable de laisser le droit d'im-
« primer illimité, parce que les écrivains seront
« ensuite punis, qu'il ne le serait de dormir avec
« les portes ouvertes, parce que, suivant nos
« lois, le voleur sera pendu. »

Ces réflexions sont fort judicieuses. Elles doivent d'autant plus nous frapper, qu'elles partent d'un écrivain remarquable, très attaché à tous les genres de liberté dont son pays est si renommé pour offrir le modèle, modèle que, soit dit en passant, on s'est peut-être trop pressé d'imiter en tout, avant de bien examiner si cela convenait au caractère et au climat des imitateurs. Eh bien, que nous apprennent ces réflexions ? Que la liberté illimitée de la presse a des dangers d'une évidence palpable, personne n'en disconvient ; que la punition des écrivains auxquels on laisse le droit d'en abuser de nouveau, ne remédie en rien au mal ; et enfin, que l'inutilité de cette punition prouve clairement, d'après la dernière conséquence de Johnson, qu'il n'y aurait qu'un moyen d'assurer quelque garantie de tranquillité à la société; ce serait celui de *ne pas dormir les portes ouvertes.*

Au reste, il faut le dire, et nous ne nous lasserons pas de le répéter, il sera toujours excessivement difficile de fixer le sort de la liberté de la presse par une loi qui ne blesse en rien ni les droits des écrivains, ni les intérêts de la société. Ce sort, comme nous l'avons déjà dit, variera continuellement selon la nature des gouvernemens, le caractère des gouvernans, les habitudes des gouvernés, selon les temps, les lieux et les circonstances. Tel peuple jouira de la liberté indéfinie de la presse, et ne s'en trouvera pas mieux, tandis que tel autre peuple, sous les entraves de la prévention et de la répression, ne songera pas à se plaindre, parce qu'il y trouvera une espèce de compensation dans la tranquillité dont il jouira, et dans le libre exercice des droits et des avantages que lui assure la constitution de son pays.

Il est certain qu'en fait de liberté de la presse, plus ou moins limitée chez diverses nations, il y a parfois des contrastes bien singuliers; nous allons en rapporter un exemple assez curieux, puisé chez deux peuples voisins.

Commençons par la France; on peut dire que la liberté de la presse s'y exerce en ce moment avec une latitude qui, Dieu soit loué, a des bornes si reculées qu'on a de la peine à les apercevoir, même à travers les séances des cours d'assises et de la police correctionnelle, si multipliées et parfois si nulles contre les délits politiques et contre les délits de la presse. Tout s'imprime *ad libitum* : journaux, pamphlets en prose ou en vers, chansons, placards, pièces de théâtre; tout cela, après avoir circulé dans la capitale, court aussi librement de Paris au fond de nos provinces, que le choléra-morbus de l'Inde au fond du Nord. La France jouit donc de la liberté d'écrire, dans toute la plénitude du droit ou plutôt du fait.

Jetons maintenant un coup d'œil chez nos

voisins, où les choses se passent un peu différemment. Nous allons voir qu'ils ne sont pas plus que nous à l'abri de l'excès, mais dans un genre diamétralement opposé.

En Espagne, l'archevêque de Valencia, don Sirnon de Lopez a, dit-on, publié, dans le mois d'octobre, un mandement de censure, dont voici les principales dispositions :

« I. Personne ne doit imprimer un livre, une « brochure ou autre écrit, sans la permission « de son Éminence, qui consultera des censeurs « pieux.

« II. Les censeurs devront lire avec beaucoup « de soin, et mot pour mot, tous les manuscrits « qui leur seront présentés, afin de reconnaître « le sens caché qu'ils pourraient contenir.

« III. Personne ne doit lire, sans permission, « un livre imprimé à l'étranger, ou publié en « Espagne dans les années 1821, 1822, 1823. « Comme on a remarqué que, dans ce siècle

« pervers, beaucoup de gens s'inquiètent peu
« de l'excommunication et des autres peines de
« l'Église, nous ajoutons, en vertu de notre
« autorité, une amende de 1000 réaux (540 fr.):
« 1°. contre celui qui lira ou qui possédera seu-
« lement un des livres prohibés sous l'article III;
« 2°. contre celui qui imprimera ou aidera à im-
« primer sans permission un livre ou autre écrit;
« 3°. contre celui qui possédera un mouchoir sur
« lequel les lignes forment une croix, et qui s'y
« mouchera ou qui s'en servira pour un autre
« usage impur, etc., etc. »

Que dirait-on en France si l'on s'avisait d'y publier un pareil mandement? Il est vrai que nos mœurs et notre système politique diffèrent beaucoup de ceux des Espagnols, et que notre haut clergé, non moins pieux et peut-être plus éclairé, entend mieux l'à-propos des convenances, sans blesser les intérêts de la religion.

On a encore parlé d'un décret rendu dans les états de Modène, le 29 avril 1828, et dont les dispositions relatives à tous les livres qui peuvent exister dans le duché, soit chez les particuliers, soit ailleurs, seraient plus que singulières. Voici le compte que l'on rend de ce décret dans le *Journal de la littérature de France,* juin 1831, in-8°, n° VI, p. 97. Il est difficile de penser que l'on n'a pas chargé le tableau pour le rendre bizarre et ridicule ; le lecteur en va juger.

« Les livres doivent être marqués à leurs pre-
« mière et dernière pages, du double timbre des
« censeurs ecclésiastiques et laïques.

« Tout propriétaire de livres anciens ou mo-
« dernes, qui les prêterait obligeamment, fût-ce
« même à un voisin, s'exposerait à une amende
« de quatre francs par volume, et à leur confis-
« cation, s'ils n'étaient revêtus du double timbre.

« L'intercalage de quelques feuillets dans les
« volumes timbrés, est puni de 100 francs d'a-
« mende et d'un emprisonnement d'un à six
« mois.

« La contrefaçon du double timbre est punie

« d'une amende de 230 francs, d'une détention
« de six mois à deux ans, et même de la peine
« des galères pour le même temps.

« Le Dante est au premier rang des auteurs
« condamnés, et les exemplaires de son ouvrage
« découverts à la douane, y seront confisqués... »
(*Extrait de l'analyse d'un ouvrage intitulé :*
« Voyages historiques et littéraires en Italie pen-
« dant les années 1826, 1827 et 1828, ou l'Indi-
« cateur italien, par Valery. *Paris*, 1831, 3 vol.
« in-8°.) » Le duc de Modène est très mal mené
par le rédacteur du *journal* en question.

Que conclure de ces exemples ? une seule
chose ; c'est que l'excessive rigueur a son côté
ridicule comme la licence a ses dangers. Heureux donc le peuple qui, dans ses habitudes pai-
sibles et dans l'accomplissement de ses devoirs,
n'est point exposé à être continuellement tenaillé
par ces deux tyrannies, aussi insupportables l'une
que l'autre.

Il est une branche de la liberté d'écrire dont

nous n'avons point parlé spécialement, quoiqu'elle soit devenue la plus forte, la plus puissante, la plus redoutable de toutes; cette branche est la presse périodique qui, dans son activité quotidienne pour flatter et exalter les passions de chaque parti, détermine, façonne, tiraille et tourmente l'opinion en tous sens. Notre silence à cet égard est motivé; que pourrions-nous dire sur cet objet qui n'ait pas été pensé, dit et répété mille fois? L'immense quantité de journaux qui s'accroît tous les jours, et dont la masse compacte égalerait en hauteur et en largeur la tour de Babel, commence à effrayer la multitude (1). L'opinion publique se mûrit; on en est à la satiété, et il est naturel que le dégoût suive de près la surabondance. C'est d'un heureux présage pour l'avenir. Espérons donc qu'après

---

(1) On n'en était certes pas effrayé il y a deux siècles : en 1630, il n'existait pas un seul journal dans tout le royaume, car le premier de tous, la *Gazette de France*, petit in-4°, a vu le jour en 1631. — En 1731, il en existait quatre (dont trois littéraires), savoir : la *Gazette de France*, le *Journal des Savans*, le *Mercure*, et les *Mémoires de Trévoux*. — En 1832, il en existe trois cent quarante-

un tel débordement, le fleuve reprendra son cours ordinaire, et ne franchira plus les bornes du lit que les seuls besoins de la société lui ont naturellement creusé.

VI.

DE LA FIXATION DU NOMBRE D'IMPRIMERIES LÉGALEMENT ÉTABLIES DANS CHAQUE VILLE DE FRANCE SUSCEPTIBLE D'EN POSSÉDER.

Revenons à l'objet de notre travail dont nous a détourné la discussion précédente. Nous avons vu que, sous l'ancien régime, l'autorité cherchait par tous les moyens possibles soit de prévention, soit de repression, à maintenir la liberté de la presse dans certaines bornes; mais plus elle a

---

quatre, tant politiques, littéraires, que scientifiques, agronomiques, industriels, etc., etc. Si cela continue dans la même proportion, il faut espérer qu'en 1932, chaque famille aura son journal particulier; ou peut-être, par suite d'événemens imprévus ou par excès, surabondance et dégoût, la France se retrouvera au point où elle était en 1630, ou en 1731.

multiplié ses réglemens, ses ordonnances, ses édits, ses arrêts, plus on a cherché à les éluder. Les visites assez fréquentes, faites dans les imprimeries par les syndics de la librairie, ne permettaient guère de hasarder dans ces mêmes imprimeries des ouvrages pour lesquels on savait bien que l'on n'obtiendrait jamais ni permission ni privilége. Alors que faisait-on ? on montait une presse clandestine dans un lieu secret, et là on imprimait tout ce qu'on voulait, en dépit de l'ombrageuse police. Mais si l'on était découvert, on payait un peu cher cette clandestinité. Confiscation, emprisonnement, amende, galères et quelquefois pire, tels étaient les tristes résultats que les délinquans avaient oublié de faire entrer dans les calculs de leur entreprise. On voit donc que l'origine des presses clandestines tient à la sévérité des mesures que l'autorité croyait devoir prendre pour restreindre la liberté de la presse.

Mais parmi ces mesures, outre celle qui maintenait sous une surveillance continuelle les presses autorisées, il en est une qui, en pouvant être favorable sous un certain rapport au commerce de l'imprimerie et de la librairie, a rendu la surveillance encore plus facile ; c'est celle par laquelle on a fixé le nombre d'imprimeries que chaque ville, susceptible d'avoir de tels établissemens, pourrait posséder. Nous allons parler des différens édits qui ont établi cette fixation; et nous en présenterons les résultats successifs jusqu'au moment actuel, dans un tableau où toutes ces villes seront mentionnées. Nous pensons que ce tableau, le premier connu sans doute dans ce genre, pourra jeter quelque lumière sur l'histoire de l'imprimerie et de la librairie en France.

Ce n'est qu'en 1622 qu'on voit pour la première fois le gouvernement songer à déterminer le nombre d'imprimeurs qui auront le droit d'exercer dans une localité; et encore n'est-il question, cette année, que d'une seule ville (Toulouse). Long-temps après, on fixa ce nombre d'abord pour quelques-unes des principales villes, par des édits particuliers, et ensuite par un édit général, pour toutes les villes qui, à raison de leur population ou de leur importance commerciale, pouvaient posséder une ou plusieurs imprimeries. Passons en revue ces différens édits.

Le premier de tous, celui de Louis XIII, en date du 11 mai 1622, fixe à douze le nombre des imprimeurs-libraires qui exerceront à Toulouse.

Louis XIV, par son édit d'août 1686, le fixe à trente-six pour la ville de Paris (1).

Un autre édit de juillet 1688, le porte à douze pour la ville de Bordeaux.

Enfin, un édit d'avril 1695, le détermine à dix-huit dans la ville de Lyon.

---

(1) Depuis cette époque (1686), jusqu'en 1789, le nombre des imprimeurs qui ont exercé à Paris, successivement, a été de cent cinquante. M. Lottin a dressé un tableau chronologique en trente-six colonnes, où l'on voit les trente-six libraires-imprimeurs exerçant en 1789, avec tous leurs devanciers, en remontant jusqu'à 1686. Ce tableau est bien fait; il se trouve dans le *Catalogue chronologique des libraires de Paris* (par Lottin). *Paris*, 1789, *deux parties*, in-8°. *Voy.* seconde partie, p. 217-229.

Cependant on reconnut par la suite que cette mesure ne devait pas se borner aux quatre grandes cités précédentes, et qu'on devait l'étendre aux autres villes du royaume où il se trouvait des imprimeries dont le nombre était arbitraire; en conséquence, un arrêt du conseil, du 21 juillet 1704, non seulement confirma la fixation du nombre des imprimeries porté dans les édits ci-dessus, pour les quatre villes dont nous venons de parler, mais régla le nombre de celles qui devaient avoir lieu dans les autres villes. L'arrêt du conseil fut exécuté, et dans chaque ville les imprimeries furent réduites au nombre fixé. Mais on s'aperçut, après quelques années, que cette nouvelle détermination du nombre des imprimeries avait besoin de quelques rectifications pour certaines localités; il parut donc un nouvel arrêt du conseil, du 31 mars 1739, qui fixa définitivement le nombre des imprimeurs pour chaque ville dans tout le royaume (1); et cette fixation

---

(1) Il est dit, dans la *Collection de jurisprudence* de Denisart, *Paris*, 1771, 4 vol. in-4°, tom. II, p. 698, « que d'autres arrêts du conseil, du 12 mai 1759, fixent le

a subsisté, à peu de changemens près, jusqu'en 1792, époque où la liberté indéfinie de la presse permit à chacun de monter une imprimerie. Mais quand Bonaparte eut pris les rênes du gouvernement, il sentit que cette liberté ne pouvait s'allier avec ses institutions, et il s'empressa de la restreindre. Sa première opération fut de rétablir, par décret du 5 février 1810, le nombre limité des presses dans chaque ville, et de faire délivrer des brevets à tout imprimeur et libraire qui serait conservé. Ce nouvel ordre de choses a subsisté jusqu'à ce jour, à part quelques changemens qui ont eu lieu, pour la partie numérique seulement, de 1810 à 1830. Ils sont peu considérables, et d'ailleurs on ne s'est point écarté en les faisant, de la base posée en 1810. Ils seront spécifiés dans le tableau suivant dont nous allons donner l'explication.

« nombre des imprimeurs qui peuvent s'établir dans les « différentes généralités et dans les villes qui en dépendent. » Nous n'avons pas ces arrêts sous les yeux, mais ils ne doivent pas différer des deux précédens; car l'état des imprimeries, en 1790, était, à très peu de chose près, conforme à la fixation de 1739.

Destiné à faire connaître le nombre des imprimeries qui ont existé légalement dans les diverses villes de France, en vertu des arrêts du conseil de 1704, de 1739, et du décret de 1810, ce tableau est composé de sept colonnes; mais la septième regarde seulement la librairie.

La première colonne contient la nomenclature de toutes les villes dont nous avons à parler, c'est-à-dire de toutes les villes qui possèdent soit imprimeries soit librairies. Elles sont au nombre de trois cent cinquante-cinq, rangées par ordre alphabétique pour faciliter les recherches. Les chefs-lieux de département, ou préfectures, sont désignés par des petites capitales; les chefs-lieux d'arrondissement ou sous-préfectures, le sont en italique, et les autres villes ont leur nom en caractères romains. Le nom du département auquel chaque ville appartient est en lettres romaines.

La seconde colonne indique la population de chaque ville. Il est bon de voir si le nombre des établissemens, fixé pour une ville, est en rapport avec sa population.

La troisième colonne n'étant relative qu'à cent dix villes mentionnées dans l'arrêt du conseil de 1704, présente le nombre des imprimeries déterminé pour chacune d'elles à cette époque.

La quatrième renferme les rectifications faites par l'arrêt de 1739 à celui de 1704, pour quelques localités où le nombre des imprimeries a été changé. Le nombre des villes est le même que dans la colonne précédente. On trouvera, dans cette quatrième colonne, des articles où figure la lettre S seule : cette lettre désigne la suppression de quelques imprimeries qui subsistaient encore en 1739, quoiqu'elles ne fussent pas autorisées par l'arrêt de 1704. En effet, on ne les voit point figurer dans cet arrêt; mais elles sont nominativement mentionnées comme supprimées dans l'article 2 de l'arrêt de 1739.

La cinquième colonne comprend le nombre des imprimeries, tel qu'il a été fixé, pour deux cent soixante-dix-neuf villes, par décret du 5 février 1810. Nous observerons, en passant, que le nombre des imprimeries qui, avant la révolution, était de trente-six à Paris, a été beaucoup augmenté par le décret de 1810, qui l'avait d'abord fixé à soixante; mais un autre décret, du 11 février 1811, a porté définitivement ce nombre à quatre-vingts; et dès-lors il y a toujours eu quatre-vingts imprimeurs à Paris.

Comme dans beaucoup de villes il existait, par suite de la liberté indéfinie de la presse dont on usait depuis 1792, un plus grand nombre d'imprimeries que Bonaparte n'en voulait laisser subsister, il fut décidé qu'il y aurait des brevets définitifs délivrés pour le nombre d'imprimeries reconnu suffisant dans telle ou telle localité, et des brevets à vie pour les imprimeries qu'on voulait supprimer, mais qui ne le seraient qu'après la mort du possesseur. Nous avons donc été obligé de distinguer le nombre des imprimeries définitives (montant à cinq cent six), du nombre des imprimeries à vie (allant seulement à cent quatre-vingt-treize).

La sixième colonne offre les changemens survenus de 1810 à 1830. Le nombre des villes y est augmenté (deux cent quatre-vingt-sept au lieu de deux cent soixante-dix-neuf), et le nombre des imprimeries diminué (six cent trente-six au lieu de six cent quatre-vingt-dix-neuf). Cette diminution s'explique par l'extinction successive des brevets à vie.

La septième colonne renferme le nombre de librairies fixé par le décret impérial. Il ne l'avait point été par les arrêts du conseil précités.

La difficulté d'augmenter le nombre des colonnes nous a fait supprimer la partie des imprimeries lithographiques et celle des cabinets littéraires.

Mais il est temps de présenter le tableau en question. Sa disposition, vu l'exactitude qu'on a tâché d'y mettre, a coûté plus de soins et de recherches qu'on ne serait tenté de le croire au premier coup d'œil.

TABLEAU

DU

NOMBRE DES IMPRIMERIES EN FRANCE,

TEL QU'IL A ÉTÉ FIXÉ

POUR CHAQUE VILLE, A DIVERSES ÉPOQUES,

CONFORMÉMENT

AUX ARRÊTS DU CONSEIL DE 1704, DE 1739,
ET AU DÉCRET DE 1810,

AVEC L'ÉTAT NUMÉRIQUE DES IMPRIMEURS ET DES LIBRAIRES EN 1830.

Noms des villes.	Population.	Impr. 1704.	Impr. 1739.	Impr. 1810.	Impr. 1830.	Libr. 1830.
Abbeville (Somme)	19,520	1	1	2	2	3
Agen (Lot-et-Garonne)	11,971	1	1	2, 1 à vie.	3	3
Aire (Pas-de-Calais)	9,075	»	S	»	»	2
Aix (Bouches-du-Rhône)	23,132	2	4	2, 3 à vie.	5	3
Ajaccio (Corse)	7,658	»	»	1	1	2
Alais (Gard)	10,252	»	»	1, 1 à vie.	1	»
Alby (Tarn)	10,993	1	1	2	2	1
Alençon (Orne)	14,071	2	2	2	2	3
Altkirch (Haut-Rhin)	2,550	»	»	1	1	1

128   TABLEAU DU NOMBRE

Noms des villes.	Population.	Impr. 1704.	Impr. 1739.	Impr. 1810.	Impr. 1830.	Libr. 1830.
Ambert (Puy-de-Dôme)	7,452	»	»	1	1	2
Amboise (Indre-et-Loire)	5,300	»	S	1	»	1
AMIENS (Somme)	42,032	4	2	3, 2 à vie.	5	4
Andelys (Eure)	5,214	»	»	1	1	»
ANGERS (Maine-et-Loire)	29,978	2	2	2	2	4
ANGOULÊME (Charente)	15,306	2	2	2, 2 à vie.	4	3
Annonay (Ardèche)	7,987	»	»	»	»	3
Apt (Vaucluse)	5,433	»	»	1	1	»
Arbois (Jura)	6,473	»	»	1	1	1
Argentan (Orne)	6,044	»	»	1	1	3
Arles (Bouches-du-Rhône)	19,869	1	»	1	1	1
Armentières (Nord)	6,296	»	S	»	»	»
Arnay-le-Duc (Côte-d'Or)	2,398	»	»	1 à vie	1	»
ARRAS (Pas-de-Calais)	22,173	2	2	3, 4 à vie.	5	4
Aubusson (Creuse)	4,136	»	»	»	1	»
AUCH (Gers)	10,844	1	1	2	3	2
AURILLAC (Cantal)	9,576	1	1	2	2	3
Autun (Saône-et-Loire)	9,936	»	»	1, 1 à vie.	2	2
AUXERRE (Yonne)	12,348	1	1	2	2	3
Auxonne (Côte-d'Or)	5,423	»	»	»	1	2
Avallon (Yonne)	5,261	»	»	1, 1 à vie.	1	0
Avesne (Nord)	3,311	»	»	1	1	3
AVIGNON (Vaucluse)	31,180	»	»	9, 6 à vie.	9	»
Avranches (Manche)	6,966	»	1	1	1	2
Bagnères (Hautes-Pyrén.)	7,037	»	»	1	1	»
Bar-sur-Aube (Aube)	3,758	»	»	1	1	2
BAR-LE-DUC (Meuse)	12,520	»	»	2, 1 à vie.	2	1
Bar-sur-Seine (Aube)	2,112	»	»	»	1	»

DES IMPRIMERIES EN FRANCE.

Noms des villes.	Population.	Impr. 1704.	Impr. 1739.	Impr. 1810.	Impr. 1830.	Libr. 1830.
Bastia (Corse)	9,527	»	1	»	2	»
Baugé (Maine-et-Loire)	3,400	»	S	»	»	»
Baume-les-Dames (Doubs)	2,235	»	»	»	1	»
Bayeux (Calvados)	10,060	1	1	1, 2 à vie.	2	1
Bayonne (Basses-Pyrénées)	13,498	2	2	2, 2 à vie.	3	2
Beaucaire (Gard)	9,933	»	»	»	»	1
Beaune (Côte-d'Or)	9,366	»	S	1	1	1
Beauvais (Oise)	12,865	1	1	2	2	3
Belfort (Haut-Rhin)	4,803	»	»	1	2	»
Belley (Ain)	5,274	»	»	1	1	»
Bergerac (Dordogne)	8,044	»	»	»	1	1
Bergues (Nord)	5,879	»	»	1, 1 à vie.	2	1
Bernay (Eure)	6,600	»	»	1	1	2
Besançon (Doubs)	28,795	4	4	4, 2 à vie.	6	6
Béthune (Pas-de-Calais)	6,830	»	»	1	1	2
Béziers (Hérault)	16,615	1	1	2, 2 à vie.	3	4
Blaye (Gironde)	4,239	»	»	1	1	»
Blois (Loire-et-Cher)	11,337	1	1	2	2	4
Bordeaux (Gironde)	93,549	12	10	8, 8 à vie.	12	12
Boulogne (Pas-de-Calais)	19,314	1	1	2	2	3
Bourbon-Vendée	3,129	»	»	2	2	»
Bourg (Ain)	8,424	1	1	2	2	1
Bourg-St.-Andéol (Ardèc.)	4,289	»	»	1 à vie.	»	»
Bourges (Cher)	19,500	2	2	2, 1 à vie.	3	3
Bourgoin (Isère)	3,559	»	»	1 à vie.	»	»
Brest (Finistère)	26,655	1	»	3, 4 à vie.	3	4
Briey (Moselle)	1,717	»	»	1	»	»
Brignoles (Var)	6,170	»	»	1	1	1

Noms des villes.	Population.	Impr. 1704.	Impr. 1739.	Impr. 1810.	Impr. 1830.	Libr. 1830.
Brioude (Haute-Loire)	5,262	»	»	1	1	1
Brive (Corrèze)	7,211	»	»	1	1	2
Bruyères (Vosges)	2,199	»	»	1 à vie.	1	»
CAEN (Calvados)	38,161	4	4	3, 3 à vie.	6	6
CAHORS (Lot)	12,413	1	1	2	2	2
Calais (Pas-de-Calais)	9,459	»	S	1	1	1
Cambray (Nord)	17,31»	1	1	2, 1 à vie.	2	3
CARCASSONNE (Aude)	17,755	»	S	1, 1 à vie.	2	3
Carpentras (Vaucluse)	9,756	»	»	1, 2 à vie.	3	3
Castelnaudary (Aude)	9,989	»	5	1	1	»
Castres (Tarn)	15,663	1	1	1	2	4
CHALONS-SUR-MARNE (M^{ne})	12,419	2	2	2, 1 à vie.	3	4
Châlons-sur-Saône (Saône-et-Loire)	10,609	1	1	1, 1 à vie.	2	1
Champagnole (Jura)	2,553	»	»	»	»	1
Charleville (Ardennes)	8,429	»	»	1	1	6
Charolles (Saône-et-Loire)	3,013	»	»	1	1	»
CHARTRES (Eure-et-Loir)	13,703	2	2	2, 2 à vie.	2	4
Château-du-Loir (Sarthe)	2,884	»	»	1 à vie.	1	»
Châteaudun (Eure-et-Loir)	6,452	»	»	1	1	1
Château-Gonthier (Mayen.)	5,946	»	S	»	»	2
CHATEAUROUX (Indre)	11,010	»	»	2	2	3
Château-Salins (Meurthe)	2,727	»	»	»	»	2
Château-Thierry (Aisne)	4,345	»	»	1	1	2
Châtellerault (Vienne)	9,241	»	S	1	1	1
Chatenois (Bas-Rhin)	4,061	»	»	1 à vie.	»	»
Châtillon-s.-Saône (C.-d'Or)	3,986	»	S	1	1	»
CHAUMONT (H.-Marne)	6,027	»	1	2	2	3
Chauny (Aisne)	3,992	»	»	1 à vie.	1	1

Noms des villes.	Population.	Impr. 1704.	Impr. 1739.	Impr. 1810.	Impr. 1830.	Libr. 1830.
Cherbourg (Manche)	17,066	»	»	1, 2 à vie.	2	2
Chinon (Indre-et-Loire)	6,818	»	S	1	1	2
Cholet (Maine-et-Loire)	7,348	»	»	»	1	1
Clamecy (Nièvre)	5,447	»	»	»	1	1
Clermont (Oise)	2,406	»	»	1	1	»
Clermont-L'Hérault (Hér.)	6,110	»	»	»	»	1
CLERMONT (Puy-de-Dôme)	30,010	2	2	2	3	2
Cognac (Charente)	3,017	»	»	»	»	1
COLMAR (Haut-Rhin)	15,496	1	1	2	2	5
Commercy (Meuse)	3,714	»	»	1	1	2
Compiègne (Oise)	7,362	1	1	1	1	2
Condé (Nord)	6,889	»	»	»	»	1
Condé-sur-Noizeau (Calv.)	5,051	»	»	»	»	2
Condom (Gers)	4,149	1	1	1	1	1
Corbeil (Seine-et-Oise)	4,051	»	»	1	1	»
Cosne (Nièvre)	5,973	»	»	1	1	»
Coulommiers (S.-et-Marn.)	3,530	»	»	1	1	1
Coutances (Manche)	9,037	1	1	1, 1 à vie.	2	1
Dax (Landes)	5,045	»	»	1	1	2
Die (Drôme)	3,509	»	S	1	1	»
Dieppe (Seine-Inférieure)	17,079	1	1	1	1	4
DIGNE (Basses-Alpes)	3,955	»	»	1	1	3
DIJON (Côte-d'Or)	23,845	4	4	3	4	11
Dinan (Côtes-du-Nord)	7,736	1	1	1	1	1
Dol (Ille-et-Vilaine)	3,219	1	S	»	»	»
Dôle (Jura)	9,847	»	1	1, 1 à vie.	2	2
Domfront (Orne)	1,670	»	»	»	1	1
Douai (Nord)	19,880	4	4	3, 2 à vie.	5	6
Doullens (Somme)	3,690	»	»	1	1	»
DRAGUIGNAN (Var)	8,835	»	»	2	1	»
Dreux (Eure-et-Loir)	6,247	»	»	1	1	1

TABLEAU DU NOMBRE

Noms des villes.	Population.	Impr. 1704.	Impr. 1739.	Impr. 1810.	Impr. 1830.	Libr. 1830.
Dunkerque (Nord)	24,517	2	2	3 / 3 à vie.	5	3
Elbeuf (Seine-Inférieure)	10,200	»	»	»	»	2
Embrun (Hautes-Alpes)	2,889	»	»	»	»	1
Épernay (Marne)	5,080	»	»	1 / 1 à vie.	2	»
Épinal (Vosges)	8,676	»	»	2 / 1 à vie.	2	3
Étain (Meuse)	3,049	»	»	»	»	1
Étampes (Seine-et-Oise)	7,867	»	»	1	1	1
Évreux (Eure)	9,729	1	1	2 / 1 à vie.	1	2
Falaise (Calvados)	10,303	»	»	1 / 2 à vie.	3	3
Fécamp (Seine-Inférieure)	8,600	»	»	1 à vie.	1	1
Figeac (Lot)	6,306	»	»	2	1	1
Foix (Ariège)	4,958	»	»	1	1	1
Fontainebleau (S.-et-Marne)	7,400	»	»	1	1	1
Fontenay (Vendée)	7,493	»	S	2	2	»
Fougères (Ille-et-Vilaine)	7,880	»	1	2	2	»
Gap (Hautes-Alpes)	7,015	»	»	1 / 1 à vie.	1	3
Gien (Loiret)	5,149	»	»	1	1	1
Givet (Ardennes)	3,798	»	»	1 à vie.	1	1
Gourdon (Lot)	5,990	»	»	»	1	»
Gournay (Seine-Inférieure)	3,300	»	»	1 à vie.	1	»
Grasse (Var)	12,716	»	»	1	1	»
Gravelines (Nord)	3,953	»	»	»	2	2
Gray (Haute-Saône)	7,203	1	S	1	1	2
Grenoble (Isère)	22,149	4	4	4 / 1 à vie.	4	4
Guéret (Creuse)	3,448	»	»	2	2	1
Guingamp (Côtes-du-Nord)	5,919	»	»	»	»	2

DES IMPRIMERIES EN FRANCE.

Noms des villes.	Population.	Impr. 1704.	Impr. 1739.	Impr. 1810.	Impr. 1830.	Libr. 1830.
Haguenau (Bas-Rhin)	9,528	»	»	2 à vie.	1	»
Ham (Somme)	1,900	»	»	»	»	1
Hazebrouck (Nord)	7,644	»	»	1	1	2
Hennebon (Morbihan)	3,876	»	»	»	»	1
Honfleur (Calvados)	9,798	»	»	»	»	1
Ile-Jourdain (Gers)	4,257	»	»	1 à vie.	1	»
Issoudun (Indre)	11,223	»	»	1	1	1
Joigny (Yonne)	5,263	»	»	1	1	»
Joinville (Haute-Marne)	2,962	»	S.	1 à vie.	1	»
La Châtre (Indre)	4,272	»	»	1	1	»
La Fère (Aisne)	2,500	»	»	»	»	1
La Flèche (Sarthe)	5,412	1	1	1 / 1 à vie.	1	2
Laigle (Orne)	5,763	»	»	1 à vie.	1	1
Landernau (Finistère)	4,304	»	»	1 à vie.	»	1
Langres (Haute-Marne)	7,180	1	1	1 / 1 à vie.	2	2
La Palisse (Allier)	2,268	»	»	»	»	1
La Rochelle (Char.-Inf.)	15,073	2	2	3 / 1 à vie.	4	5
Laval (Mayenne)	15,840	»	S.	2	2	3
Lavaur (Tarn)	7,037	»	1	»	»	»
Le Blanc (Indre)	4,642	»	»	1	1	»
Le Hâvre (Seine-Inférieure)	27,000	1	1	2	2	8
Le Mans (Sarthe)	19,477	2	2	2 / 2 à vie.	4	7
Le Puy (Haute-Loire)	14,998	1	1	2 / 1 à vie.	3	4
Le Vigan (Gard)	5,479	»	»	»	»	1
Libourne (Gironde)	8,943	»	S.	1	1	1
Ligny (Seine-et-Marne)	1,753	»	»	»	»	1
Lille (Nord)	69,860	4	6	6 / 3 à vie.	7	10

Noms des villes.	Population.	Impr. 1704.	Impr. 1739.	Impr. 1810.	Impr. 1830.	Libr. 1830.
LIMOGES (Haute-Vienne)..	25,612..	4..	2..	4..... 2 à vie.	6..	1
Limoux (Aude).........	6,783..	»..	»..	».....	1..	1
Lisieux (Calvados)......	10,706..	1..	1..	1.....	1..	2
Loches (Indre-et-Loire)..	3,500..	»..	S..	1.....	1..	1
LONS-LE-SAUNIER (Jura)..	7,864..	»..	S..	2..... 1 à vie.	2..	3
Lorient (Morbihan)......	15,310..	»..	S..	2..... 1 à vie.	3..	3
Loudun (Vienne).......	5,044..	»..	S..	1.....	1..	»
Louhans (Saône-et-Loire).	3,170..	»..	»..	».....	»..	1
Louviers (Eure)........	9,242..	»..	»..	1.....	1..	1
Luçon (Vendée)........	3,680..	»..	»..	».....	»..	1
Lunéville (Meurthe).....	12,378..	»..	»..	2.....	1..	2
Lure (Haute-Saône).....	2,808..	»..	»..	1.....	1..	»
Luxeuil (Haute-Saône)...	3,450..	»..	»..	».....	»..	2
LYON (Rhône)........167,404..		18..	12	12..... 5 à vie.	12..	24
MACON (Saône-et-Loire)..	10,965..	1..	1..	2.....	2..	3
Mamers (Sarthe)........	5,846..	»..	1..	1.....	1..	1
Mantes (Seine-et-Oise)...	3,701..	»..	S..	».....	»..	»
Marennes (Charente-Infér.).	4,588..	»..	»..	».....	»..	1
Marmande (Lot-et-Garonne).	4,160..	»..	»..	1.....	1..	2
MARSEILLE (B.-du-Rhône).	115,943..	6..	3..	6..... 1 à vie.	10..	5
Maubeuge (Nord).......	6,044..	1..	1..	1.....	1..	»
Mauriac (Cantal).......	2,455..	»..	»..	».....	»..	1
Mayenne (Mayenne)....	9,799..	»..	»..	1.....	1..	2
Meaux (Seine-et-Marne)..	7,836..	1..	1..	1..... 1 à vie.	1..	2
Melun (Seine-et-Marne).	7,199..	»..	S..	2.....	2..	2
Mende (Lozère)........	5,445..	1..	1..	2..... 1 à vie.	1..	1
METZ (Moselle).........	45,276..	»..	2..	5..... 2 à vie.	5..	14

DES IMPRIMERIES EN FRANCE.

Noms des villes.	Population.	Impr. 1704.	Impr. 1739.	Impr. 1810.	Impr. 1830.	Libr. 1830.
Mézières (Ardennes)	4,159	»..	»..	1	1	6
Milhau (Aveyron)	8,582	»..	»..	1	1	»
Mirecourt (Vosges)	5,608	»..	»..	1	1	1
Moissac (Tarn-et-Garonne)	10,115	»..	»..	1	1	1
Montargis (Loiret)	6,653	1..	1..	1	1	2
Montauban (T.-et-Gar.)	25,466	2..	2..	2	2	3
Montbéliard (Doubs)	4,605	»..	»..	»	1	1
Montbrison (Loire)	5,156	»..	S..	2, 1 à vie.	2	1
Mont-de-Marsan (Landes)	3,088	»..	»..	1, 1 à vie.	2	1
Montdidier (Somme)	3,730	»..	»..	1	1	»
Montélimar (Drôme)	7,589	»..	»..	1	1	2
Montluçon (Allier)	5,359	»..	»..	»	»	1
Montmédy (Meuse)	2,146	»..	»..	1	1	»
Montmorillon (Vienne)	3,539	»..	»..	1	1	1
Montpellier (Hérault)	35,842	2..	2..	5, 2 à vie.	7	7
Montreuil (Pas-de-Calais)	3,959	»..	»..	»	»	2
Morlaix (Finistère)	9,761	»..	S..	1, 1 à vie.	2	1
Mortagne (Orne)	5,405	»..	»..	1	1	3
Mortain (Manche)	2,715	»..	»..	»	»	2
Moulins (Allier)	14,525	2..	2..	2, 1 à vie.	2	2
Mulhausen (Haut-Rhin)	13,027	»..	»..	1 à vie.	1	2
Nancy (Meurthe)	29,122	»..	»..	5, 2 à vie.	6	8
Nantes (Loire-Inférieure)	71,739	4..	4..	5, 2 à vie.	6	10
Nantua (Ain)	3,684	»..	»..	»	1	1
Narbonne (Aude)	10,97.	1..	1..	1, 1 à vie.	2	1
Nérac (Lot-et-Garonne)	5,948	»..	»..	»	»	1

Noms des villes.	Population.	Impr. 1702.	Impr. 1739.	Impr. 1810.	Impr. 1830.	Libr. 1830.
Neufchâteau (Vosges)	3,667	»	»	1, 1 à vie.	1	»
Neufchâtel (Seine-Infér.)	3,169	»	»	1	1	2
Nevers (Nièvre)	15,782	1	1	2, 1 à vie.	3	2
Nîmes (Gard)	39,068	1	1	3, 1 à vie.	2	3
Niort (Deux-Sèvres)	15,799	1	1	2, 2 à vie.	2	4
Nuits (Côte-d'Or)	2,882	»	S.	»	»	»
Nogent-le-Rotrou (E.-et-L.)	6,658	»	»	1	1	1
Noyon (Oise)	6,224	1	1	1, 1 à vie.	2	»
Oleron (Basses-Pyrénées)	6,423	»	»	»	»	2
Orange (Vaucluse)	8,864	»	»	1	1	»
Orléans (Loiret)	40,340	4	4	4, 1 à vie.	5	6
Paimbœuf (Loire-Infér.)	3,646	»	»	»	»	1
Pamiers (Ariège)	6,246	»	»	1	1	2
Paris (Seine)	890,431	36	36	60, puis 80.	80	506
Parthenay (Deux-Sèvres)	4,184	»	»	1	»	1
Pau (Basses-Pyrénées)	11,761	2	2	2, 3 à vie.	4	4
Périgueux (Dordogne)	8,588	1	1	2	3	2
Péronne (Somme)	3,777	»	S.	1	1	»
Perpignan (Pyr.-Orient.)	15,357	1	1	2	2	1
Pézénas (Hérault)	8,295	1	1	1 à vie.	2	»
Pithiviers (Loiret)	4,012	»	»	1	1	1
Poitiers (Vienne)	21,562	2	2	2	2	3
Pont-à-Mousson (Meurthe)	7,039	»	»	1 à vie.	1	1
Pontarlier (Doubs)	4,549	»	»	1	1	1
Pont-Audemer (Eure)	5,393	»	»	1	1	1
Pontivy (Morbihan)	3,420	»	»	»	»	3
Pont-l'Évêque (Calvados)	2,500	»	»	1	1	»

DES IMPRIMERIES EN FRANCE. 137

Noms des villes.	Population.	Impr. 1704.	Impr. 1739.	Impr. 1810.	Impr. 1830.	Libr. 1830.
Pontoise (Seine-et-Oise)..	5,370..	»..	»..	1.....	1..	»
PRIVAS (Ardèche).......	4,199..	»..	»..	1.....	1..	»
Provins (Seine-et-Marne)..	5,076..	1..	1..	1.....	1..	»
QUIMPER (Finistère).....	10,032..	1..	1..	1.....	1..	1
Rambouillet (Seine-et-Oise).	2,958..	»..	»..	».....	1..	»
Redon (Ille-et-Vilaine)....	4,955..	»..	S..	».....	»..	1
Remiremont (Vosges)....	4,148..	»..	»..	1.....	»..	»
RENNES (Ille-et-Vilaine)..	29,377..	4..	4..	2..... 2 à vie.	4..	8
Reims (Marne)..........	34,852..	4..	2..	3.....	3..	5
Rethel (Ardennes).......	6,147..	»..	»..	1.....	1..	1
Riberac (Dordogne).....	3,604..	»..	»..	1.....	1..	»
Riom (Puy-de-Dôme)....	12,736..	1..	1..	2..... 1 à vie.	2..	»
Rochefort (Charente-Infér.).	12,909..	1..	1..	2..... 1 à vie.	3..	3
RODEZ (Aveyron)........	7,747..	2..	1..	1.....	1..	»
Romans (Drôme)........	9,298..	»..	»..	».....	»..	3
Romorantin (Loir-et-Cher).	6,820..	»..	»..	1.....	1..	»
Rouane (Loire).........	8,916..	»..	»..	1..... 1 à vie.	2..	2
Roubaix (Nord).........	13,132..	»..	»..	».....	»..	1
ROUEN (Seine-Inférieure).	90,000..	18..	12..	8..... 2 à vie.	9..	7
Royes (Somme).........	3,458..	»..	»..	».....	»..	1
Sables d'Olonne (Vendée).	4,783..	»..	»..	1.....	1..	»
ST.-BRIEUC (Côt.-du-Nord).	9,963..	1..	1..	2..... 1 à vie.	2..	2
St.-Claude (Jura)........	5,553..	»..	»..	».....	1..	»
St.-Denis (Seine)........	5,731..	»..	»..	».....	1..	»
St.-Dié (Vosges)........	7,459..	»..	»..	1.....	1..	2

TABLEAU DU NOMBRE

Noms des villes.	Population.	Impr. 1704.	Impr. 1739.	Impr. 1810.	Impr. 1830.	Libr. 1830.
St.-Dizier (Haute-Marne).	6,066..	»..	»..	1 à vie.	1..	1
St.-Étienne (Loire)......	37,031..	»..	»..	1.....	2..	3
St.-Flour (Cantal).......	6,640..	»..	S..	1.....	1..	1
St.-Gaudens (H.-Garonne).	5,629..	»..	»..	1.....	1..	2
St.-Germ.-en-Laye (S.-et-O.).	11,011..	»..	»..	».....	»..	2
St.-Girons (Ariège).......	3,389..	»..	»..	».....	»..	1
S.-Jean-d'Angély (Ch.-Inf.).	5,766..	»..	S..	1.....	1..	1
St.-Lô (Manche).......	8,509..	»..	S..	2..... 1 à vie.	3..	»
St.-Malo (Ille-et-Vilaine).	9,838..	2..	»..	1..... 1 à vie.	2..	»
St.-Martin-de-Ré (Ch.-Inf.).	2,488..	»..	»..	».....	»..	2
St.-Meixant (Deux-Sèvres).	4,335..	»..	S..	1 à vie.	1..	»
St.-Mihiel (Meuse)......	5,567..	»..	»..	1.....	1..	2
St.-Omer (Pas-de-Calais)..	19,019..	2..	2..	2..... 1 à vie.	2..	5
St.-Pol (Pas-de-Calais)...	3,556..	»..	»..	».....	»..	1
St.-Quentin (Aisne)......	17,661..	1..	1..	2.....	2..	3
Ste.-Menehould (Marne)..	2,933..	S..	»..	1.....	1..	1
Saintes (Charente-Infér.).	10,300..	1..	1..	1..... 2 à vie.	3..	3
Salins (Jura)............	5,219..	1..	1..	1..... 1 à vie.	1..	1
Sarlat (Dordogne)......	5,529..	»..	S..	1.....	1..	»
Sarreguemines (Moselle)..	4,190..	»..	»..	1.....	1..	1
Saumur (Maine-et-Loire).	10,314..	1..	1..	1.....	1..	»
Saverne (Bas-Rhin)......	4,993..	»..	»..	1.....	1..	»
Schelestat (Bas-Rhin)....	9,600..	»..	»..	1.....	1..	3
Sedan (Ardennes).......	12,608..	»..	S..	1..... 2 à vie.	2..	3
Séez (Orne)............	5,066..	»..	S..	».....	»..	2
Sémur (Côte-d'Or)......	4,220..	»..	»..	1.....	1..	1
Senlis (Oise)............	5,040..	1..	1..	1.....	1..	1
Sens (Yonne)...........	8,685..	1..	1..	1.....	1..	1
Soissons (Aisne).........	7,483..	2..	2..	1..... 1 à vie.	1..	3

DES IMPRIMERIES EN FRANCE.

Noms des villes.	Population.	Impr. 1704.	Impr. 1739.	Impr. 1810.	Impr. 1830.	Libr. 1830.
Stenay (Meuse)	3,324	»	»	1 à vie.	»	»
Strasbourg (Bas-Rhin)	49,708	6	6	6 / 3 à vie.	6	11
Tarascon (B.-du-Rhône)	11,320	»	»	1 / 1 à vie.	1	1
Tarbes (Hautes-Pyrénées)	8,712	»	»	2 / 1 à vie.	2	3
Thiers (Puy-de-Dôme)	11,613	»	»	1	1	1
Thionville (Moselle)	5,821	»	»	1	1	2
Thouars (Deux-Sèvres)	2,493	»	S.	»	»	»
Tonneins (Lot-et-Garonne)	6,626	»	»	1 à vie.	1	»
Tonnerre (Yonne)	3,650	»	»	1	1	2
Toul (Meurthe)	7,507	2	1	1	1	2
Toulon (Var)	30,171	1	1	2 / 2 à vie.	4	3
Toulouse (Hte.-Garonne)	53,319	12	10	8 / 6 à vie.	14	8
Tournon (Ardèche)	3,606	»	»	»	1	1
Tours (Indre-et-Loire)	20,920	2	2	2 / 2 à vie.	2	3
Tréguier (Côtes-du-Nord)	3,026	»	S.	»	»	»
Trévoux (Ain)	3,000	»	»	»	1	»
Troyes (Aube)	25,587	4	3	4 / 1 à vie.	5	2
Tulle (Corrèze)	8,479	1	1	1	1	2
Turcoing (Nord)	16,628	»	»	»	»	1
Uzès (Gard)	5,622	»	»	»	1	»
Valence (Drôme)	10,283	1	1	2 / 1 à vie.	3	2
Valenciennes (Nord)	19,841	1	1	2	2	5
Valognes (Manche)	6,935	»	S.	1 / 1 à vie.	2	2
Vannes (Morbihan)	11,289	2	1	2	2	»

140   TABLEAU DU NOMBRE

Noms des villes.	Population.	Impr. 1704.	Impr. 1739.	Impr. 1810.	Impr. 1830.	Libr. 1830.
Vassy (Haute-Marne)....	2,576..	»..	»..	1.....	1..	»
Vaugirard (Seine).......	5,031..	»..	»..	».....	»..	1
Vendôme (Loir-et-Cher)..	6,805..	»..	S..	1..... / 2 à vie.	»..	1
Verdun (Meuse).........	9,882..	1..	1..	1..... / 1 à vie.	3..	3
Verneuil (Eure).........	3,888..	»..	»..	».....	»..	1
VERSAILLES (Seine-et-Oise).	29,791..	»..	»..	3.....	»..	7
Vervins (Aisne)..........	2,687..	»..	»..	».....	1..	»
Vézelise (Meurthe)......	1,765..	»..	»..	1 à vie.	1..	»
VESOUL (Haute-Saône)...	5,252..	»..	1..	1.....	1..	2
Vic (Meurthe)...........	3,478..	»..	»..	1 à vie.	1..	1
Vienne (Isère)..........	13,780..	1..	»..	1.....	1..	4
Villefranche (Aveyron)...	9,521..	1..	1..	1.....	1..	2
Villefranche (Rhône).....	5,275..	»..	S..	1.....	1..	2
Villeneuve-d'Agen (L.-et-G.).	9,495..	»..	»..	».....	»..	1
Vire (Calvados).........	8,116..	»..	S..	1..... / 1 à vie.	1..	1
Vitré (Ille-et-Vilaine)....	9,085..	»..	S..	1.....	1..	2
Vitry (Marne)..........	7,194..	1..	1..	1..... / 1 à vie.	1..	2
Vouziers (Ardennes).....	1,880..	»..	»..	».....	»..	1
Wissembourg (Bas-Rhin).	6,146..	»..	»..	1.....	1..	»
Yvetot (Seine-Inférieure)..	9,853..	»..	»..	1..... / 3 à vie.	1..	»

Ce Tableau offre les résultats suivans :

En 1704, cent dix villes sont autorisées à avoir des imprimeries dans les proportions suivantes :

DES IMPRIMERIES EN FRANCE.

Une seule ville (Paris) en a. . . . . 36 = 36
Deux (Lyon et Rouen) en ont. . . . . 18 = 36
Deux (Toulouse et Bordeaux) en ont. . . . 12 = 24
Deux (Strasbourg et Marseille) en ont. . . . 6 = 12
Treize (Amiens, Besançon, etc.) en ont. . . 4 = 52
Vingt-huit (Aix, Alençon, etc.) en ont. . . 2 = 56
Soixante-deux (Abbeville, Agen, etc.) en ont. 1 = 62

TOTAL des imprimeries autorisées en 1704,
dans cent dix villes, pour toute la France.. 278

En 1739, les mêmes cent dix villes éprouvent quelques changemens dans la répartition des imprimeries qui leur ont été accordées par l'arrêt du conseil de 1704; et le nouvel arrêt de 1739 établit les proportions suivantes entre ces mêmes villes :

Une (Paris) en a. . . . . 36 = 36
Deux (Lyon et Rouen) en ont. . . . . 12 = 24
Deux (Bordeaux et Toulouse) en ont. . . . . 10 = 20
Deux (Strasbourg et Lille) en ont. . . . . . . 6 = 12
Neuf (Aix, Besançon, Caen, Dijon, etc.) en ont. 4 = 36
Deux (Marseille et Troyes) en ont. . . . . . 3 = 6
Vingt-quatre (Alençon, Amiens, etc.) en ont. 2 = 48
Soixante-huit (Abbeville, Agen, etc.) en ont.. 1 = 68

TOTAL des imprimeries autorisées dans les
mêmes cent dix villes. 250

Toujours dans la même année 1739, l'arrêt du conseil, du 31 mars, ART. 2, supprime, dans quarante-trois villes, des imprimeries qui n'étaient point autorisées par l'arrêt de 1704; ces villes sont désignées dans le tableau par la lettre S.

En 1810, lors du rétablissement de la fixation du nombre des imprimeries, deux cent soixante-dix-neuf villes de France (1) ont été autorisées, par décret du 5 février, à avoir des imprimeries. Cent quatorze de ces villes ont pu en avoir chacune plusieurs, et cent soixante-cinq n'ont eu droit qu'à une seule.

Cent soixante-quatre villes ont eu des imprimeries (au nombre de 509), dont les propriétaires ont obtenu des brevets définitifs, c'est-à-dire transmissibles après leur mort; et cent

---

(1) Nous disons de France, parce que le décret de 1810 comprenait toutes les imprimeries établies dans les différens États réunis à l'Empire, qui, alors très étendu, embrassait une grande partie de l'Europe. Ces parties ne nous intéressant plus, nous les avons exclues du tableau.

quinze villes en ont eu (au nombre de 193), dont les propriétaires ont seulement eu des brevets à vie.

En 1830, nous trouvons deux cent quatre-vingt-sept villes, au lieu de 279 autorisées en 1810, et cependant elles n'ont que 636 imprimeries, au lieu de 699; ce qui provient, comme nous l'avons dit, de l'extinction de quelques unes de celles dont les propriétaires n'avaient que des brevets à vie.

Quant aux librairies qui forment la septième colonne du tableau, il est reconnu qu'en 1830, deux cent soixante-cinq villes en possédaient 1157 (dont 539 pour Paris seul); et en supputant cette colonne des librairies avec la précédente des imprimeries, on voit que deux cent seize villes ont imprimeries et librairies distinctes (1); que soixante-treize ont des imprimeries,

---

(1) Nous ajoutons le mot *distinctes*, parce que, dans les librairies énoncées dans le tableau (au nombre de 1157), nous n'avons point compris celles qui sont réunies aux imprimeries; nous avons toujours classé les imprimeurs-

mais point de librairies particulières (1), et que quarante-neuf villes ont des librairies sans imprimeries.

Tous les détails numériques que nous venons de rapporter sur l'état de l'imprimerie depuis 1704, et sur la librairie en 1830, ont été exposés et classés dans le tableau ci-dessus, avec la même exactitude que celle que nous avons mise à les relever sur des monumens authentiques.

---

libraires parmi les imprimeurs proprement dits ; d'abord, parce que nous n'avions point à nous occuper de librairie avant 1810, et ensuite parce que, dans la grande majorité de ces deux établissemens réunis, la librairie n'est ordinairement qu'un faible accessoire à l'imprimerie.

(1) Ces soixante-treize villes sont presque toutes de peu d'importance, et il n'y a guère qu'un imprimeur-libraire dont les deux petites branches de commerce réunies suffisent aux besoins de la population.

VII.

CHRONOLOGIE DES LOIS, DÉCRETS ET ORDONNANCES, CONCERNANT LA LIBERTÉ DE LA PRESSE, DEPUIS 1789 JUSQU'A 1831.

L'ensemble de notre travail n'a guère porté jusqu'ici que sur l'histoire des moyens que l'ancien gouvernement a employés pour restreindre la liberté de la presse; il est bon maintenant de jeter un coup d'œil sur ce qui s'est passé depuis la révolution, relativement au même objet. Nous dirons d'abord que, dans les commencemens de cette révolution, l'irritation des esprits fut telle, que plus le ressort avec lequel l'ancienne autorité avait cherché à comprimer la presse, semblait dur, gênant, vexatoire, plus on mit d'empressement, non pas à l'adoucir, mais à le briser entièrement. Alors eut lieu la liberté indéfinie de la presse, et l'on sait tout ce qu'elle a produit de beau, de bon, de raisonnable et d'édifiant pendant les cinq ou six premières années de la révolution. Cependant on sentit par la suite la nécessité de revenir un peu sur ses pas, et d'assigner quelque limite sinon à la liberté, du moins à la licence de la presse. Le Directoire commença, les consuls continuèrent, et Napoléon, parvenu au suprême degré de la puissance, sous le titre d'empereur, rétablit complétement l'ancien ressort comprimant, et le fit d'une trempe aussi forte que la lame du sabre qui lui avait soumis l'Europe. Personne ne dit mot; mais Napoléon tomba, et, avec lui, toute l'énergie dont étaient empreintes ses institutions. Les Chambres recouvrèrent la parole, se dédommagèrent de leur long silence, et la liberté de la presse, discutée à la tribune, devint l'objet d'une infinité de lois et d'ordonnances qui se ressentirent de la faconde partiale des orateurs, et de la fluctuation des opinions dominantes à diverses époques. Rien de stable, rien de fixe, rien d'uniforme, ni dans l'opinion, ni dans la marche des affaires et des discussions parlementaires. Tant d'écrivains se sont occupés de l'histoire de ces temps, qu'il est inutile d'en retracer ici même le sommaire. Nous nous bornerons donc, pour compléter notre ouvrage, à donner la chronologie de tout ce qui regarde législativement la liberté de la presse, depuis 1789 jusqu'à ce moment. Quoique nous nous restreignions à une simple nomenclature, le lecteur y comprendra facilement l'esprit qui régnait aux diverses époques; et le jurisconsulte trouvera là l'indication de toutes les lois, ordonnances et décrets en matière de librairie et d'imprimerie, auxquels il est souvent obligé d'avoir recours. Nous ne pensons pas qu'il existe un seul recueil où ces lois se trouvent complétement réunies comme elles le sont ici. Nous avons consulté le *Bulletin des Lois* et ses tables, les tables de Rondonneau, le grand travail de M. Duvergier, celui de M. Pic, qui est spécial, et beaucoup d'autres, aucun ne nous a présenté une série chronologique particulière de toutes les lois sur la presse, telle que nous la donnons. Cette liste nous a paru la pièce la plus propre à terminer notre *Essai historique*.

SOUS LOUIS XVI.

1788.

Arrêté du Parlement de Paris, du 5 décembre.

Mirabeau cite cet arrêté dans sa brochure intitulée : *Sur la liberté de la presse, imité de l'anglais de Milton* (1). Paris, 1788, in-8°. Il prétend que « si ce Parlement, corps « judiciaire et non politique, est sorti par cet arrêté du « cercle de sa juridiction, c'est du moins cette fois-ci au « profit de la nation, et que la profession de foi qu'il pu- « blie, véritable programme de la déclaration des droits, « sur laquelle doit être fondée la liberté particulière et pu- « blique, est exempte de toute ambiguité. » Parmi ces droits se trouve celui-ci : « LIBERTÉ DE LA PRESSE, garant uni- « que, garant sacré de ces beaux droits; LIBERTÉ DE LA « PRESSE, seule ressource prompte et certaine des gens de « bien contre les méchans; LIBERTÉ DE LA PRESSE énergi- « quement invoquée........ » Ce fameux publiciste prévoyait

---

(1) L'ouvrage de Milton est intitulé : *Areopagitica, A speech for the liberty of unlicens'd printing, to the Parliament of England*, in-4°. Mirabeau a pris pour épigraphe de sa brochure ce passage de Milton : *Who kills a man kills a reasonable creature..... but, he who destroys a good book, kills reason itself.* « Tuer un homme, c'est détruire une créature raison- « nable; mais étouffer un bon livre, c'est tuer la raison elle-même. » Mirabeau a encore publié : *Théorie de la Royauté d'après la doctrine de Milton.* 1789, in-8°.

bien tous les avantages que l'on pourrait tirer de ce nouveau levier, d'abord pour soulever les masses, et ensuite pour continuer, entretenir et perpétuer une révolution.

ASSEMBLÉE CONSTITUANTE.

1789.

Déclaration du Roi, présentée aux États-Généraux dans la séance royale du 23 juin.

Dans cette déclaration des intentions de Sa Majesté, sont énumérés en trente-cinq articles les avantages dont elle veut que jouissent les Français. La liberté de la presse y est textuellement énoncée; l'article 16 porte : « Les États-« Généraux examineront et feront connaître à Sa Majesté « le moyen le plus convenable de concilier la liberté de la « presse avec le respect dû à la religion, aux mœurs et à « l'honneur des citoyens. »

1789.

Déclaration des Droits, présentée à l'Assemblée nationale par M. le marquis de Lafayette, dans la séance du 11 juillet.

L'article 2 de cette déclaration est ainsi conçu : « Tout « homme nait avec des droits inaliénables et imprescripti-« bles : tels sont la liberté de toutes ses opinions, la

« communication de ses pensées par tous les moyens pos-
« sibles, la recherche du bien-être et la résistance à l'op-
« pression. »

1789.

Déclaration des Droits de l'homme, proposée par l'abbé Sieyes, en 42 articles, dans la séance de l'Assemblée nationale, du 21 juillet.

Le 7ᵉ article porte : « Personne n'est responsable de sa
« pensée ni de ses sentimens; tout homme a droit de parler
« ou de se taire; nulle manière de publier ses pensées et ses
« sentimens ne doit être interdite à personne, et en parti-
« culier chacun est libre d'écrire, d'imprimer ou de faire
« imprimer ce que bon lui semble, toujours à la seule con-
« dition de ne pas donner atteinte aux droits d'autrui.
« Enfin tout écrivain peut débiter et faire débiter ses pro-
« ductions, et il peut les faire circuler librement par la
« poste, ainsi que par toute autre voie, sans avoir jamais à
« craindre aucun abus de confiance. Les lettres, en particu-
« lier, doivent être sacrées pour tous les intermédiaires qui
« se trouvent entre celui qui écrit et celui à qui l'on écrit. »
(Extrait des *Constitutions de la Nation française*, par le comte Lanjuinais. Paris, 1819, 2 vol. in-8°, t. II, p. 153.)

1789.

Résultat du dépouillement des cahiers remis aux députés aux États-Généraux par leurs commettans, présenté à l'Assemblée nationale dans la séance du 28 juillet.

Dans ce *résultat*, il y eut des principes avoués (au nombre de onze), sur lesquels tous les cahiers furent unanimes ; mais il y eut d'autres questions (au nombre de dix-huit), sur lesquelles l'universalité des cahiers ne s'était point expliquée d'une manière uniforme ; la dernière de ces questions était : « La liberté de la presse sera-t-elle indéfinie ou « modifiée ? »

1789.

L'Assemblée nationale décrète en principe la liberté de la presse, dans sa séance du 26 août.

1791.

Décret du 17 mars, portant suppression des jurandes et corporations.

L'article 7 de ce décret s'exprime ainsi : « A compter du « 1er avril (prochain), il sera libre à toute personne de « faire tel négoce, ou d'exercer telle profession, art ou mé- « tier qu'elle trouvera bon. » Dès-lors des imprimeries s'élevèrent de tous côtés dans la capitale, et la typographie parisienne, si renommée autrefois, se trouva au niveau de ce qui sort de plus mesquin des petites imprimeries de province.

1791.

Loi du 19 juillet, qui défend la vente et la distribution des dessins et gravures obscènes, sous peine d'emprisonnement et d'amende.

Cette loi n'a pas subsisté long-temps, car en 1792 et 1793, des libraires de Paris envoyaient librement en province des catalogues de leur librairie, entièrement composés d'ouvrages sotadiques les plus infâmes.

1791.

CONSTITUTION FRANÇAISE du 14 septembre.

Cette première des nombreuses constitutions que nous avons eues depuis quarante ans, est précédée de la *Déclaration des Droits de l'homme et du citoyen*, en 17 articles. Le onzième porte : « La libre communication des pensées « et des opinions est un des droits les plus précieux de « l'homme ; tout citoyen peut donc parler, écrire et impri- « mer librement, sauf à répondre de l'abus de cette liberté « dans le cas déterminé par la loi. »

Dans le titre Ier de la même Constitution, intitulée *Dispositions fondamentales*, etc., on trouve, article 3 : « La « Constitution garantit à tout homme la liberté de parler, « d'écrire, d'imprimer et publier ses pensées, sans que ses

« écrits puissent être soumis à aucune censure ni inspec-
« tion avant leur publication. »

ASSEMBLÉE LÉGISLATIVE.

1792.

Décret du 11 septembre, relatif à l'abolition de tous procès criminels et jugemens depuis le 14 juillet 1789, pour faits concernant la liberté de la presse.

SOUS LA CONVENTION.

1793.

ACTE CONSTITUTIONNEL présenté au peuple par la Convention nationale, le 24 juin.

L'article 6 de la *Déclaration des Droits de l'homme et du citoyen*, qui est en tête de cet acte, porte : « Le droit de
« manifester sa pensée et ses opinions soit par la voie de la
« presse, soit de toute autre manière, ne peut être in-
« terdit. »

L'article 122 du même acte, où il est question de la *garantie des droits*, y comprend celle « de la liberté indéfinie de la presse. »

Nota. Dans le grand plan de constitution rédigé et présenté par Condorcet à la Convention, qui en a extrait l'*acte constitutionnel* dont nous parlons, l'auteur s'exprimait ainsi, article 4 de la *Déclaration des Droits de l'homme* : « Tout homme est libre de manifester sa pensée et ses opinions; » et article 5 : « La liberté de la presse et de tout autre moyen de publier ses « pensées, ne peut être interdite, suspendue ni limitée. »

1793.

DÉCRET de la Convention nationale, du 19 juillet, relatif aux droits de propriété des auteurs d'écrits en tous genres, des compositeurs de musique, des peintres, des dessinateurs, et aux contrefaçons.

Ce décret fait jouir les auteurs, etc., du droit de vendre, céder leurs ouvrages, d'en faire confisquer les contrefaçons à leur profit, et de faire condamner les contrefacteurs à une somme équivalente au prix de 3,000 exemplaires; les auteurs doivent déposer deux exemplaires à la Bibliothèque nationale, sans quoi ils ne pourraient exercer leurs droits contre les contrefacteurs. Les héritiers d'un auteur jouissent des mêmes droits que lui pendant dix ans après sa mort.

1794.

DÉCRET de la Convention nationale, du 17 janvier, relatif aux fabricans de papier et propriétaires de papeterie.

Ils doivent mettre leurs noms et ceux de leurs manufactures dans les formes dont ils se serviront pour la fabrication du papier, à peine de 300 livres d'amende et confiscation du papier fabriqué sans leurs noms.

SOUS LE DIRECTOIRE.

1795.

CONSTITUTION DIRECTORIALE du 22 août (5 fructidor an III de la république), en 377 articles.

Dans la déclaration (préliminaire) des *droits de l'homme et du citoyen*, il n'est point question de la liberté d'écrire ni de la liberté de la presse ; mais l'art. 353 de cette Constitution porte : « Nul ne peut être empêché de dire, écrire, « imprimer et publier sa pensée. — Les écrits ne peuvent être « soumis à aucune censure avant leur publication. — Nul ne « peut être responsable de ce qu'il a écrit ou publié que dans « les cas prévus par la loi. »

1796.

Loi du 17 avril (28 germinal an IV), contenant des mesures répressives des délits qui peuvent être commis par la voie de la presse.

1797.

Loi du 5 septembre (19 fructidor an v), qui réprime la liberté de la presse en l'assujettissant à la surveillance du Directoire.

La veille, c'est-à-dire le 4 septembre, JOURNÉE DU 18 FRUCTIDOR, le Directoire avait proscrit et condamné à la déportation, outre deux directeurs (Barthélemy et Carnot), onze membres du Conseil des Anciens, et quarante-deux membres du Conseil des Cinq-Cents; avait proscrit, dis-je, plusieurs propriétaires, auteurs, et imprimeurs de journaux ou recueils périodiques, parmi lesquels on distinguait Suard, Sicard, La Harpe, l'abbé de Vauxcelles, Perlet, etc.

SOUS LES CONSULS.

1799.

CONSTITUTION CONSULAIRE du 13 décembre (22 frimaire an VIII).

Il n'est point question dans cet acte de la liberté de la presse.

1800.

ARRÊTÉ des consuls du 17 février (28 pluviose an VIII).

Cet arrêté fixe le nombre des journaux, attendu que

plusieurs feuilles sont des instrumens entre les mains des ennemis de la république. Les consuls sont autorisés à supprimer ceux des journaux qui se permettront d'insérer des articles contraires au pacte social, à la souveraineté du peuple, à la gloire des armées et aux nations amies et alliées, lors même que ces articles seraient extraits de feuilles étrangères.

1802.

CONSTITUTION CONSULAIRE MODIFIÉE,
du 10 mai 1802 (20 floréal an x); — et Sénatus-Consulte organique de la CONSTITUTION du 4 août (même année 1802, 26 thermidor an x).

Il n'est point question de la liberté de la presse ni dans l'un ni dans l'autre de ces deux actes.

1803.

ARRÊTÉ des consuls du 27 septembre (4 vendémiaire an xii).

Cet arrêté porte que, « pour assurer la liberté de la « presse, aucun libraire ne pourra vendre un ouvrage avant « de l'avoir présenté à une commission de révision, laquelle « le rendra, s'il n'y a pas lieu à la censure ». Il est certain qu'avec une telle précaution la liberté de la presse ne courait aucun risque de s'égarer dans les faux-fuyans de la licence. Cet arrêté ressemble beaucoup à une ironie.

SOUS L'EMPIRE.

1804.

CONSTITUTION IMPÉRIALE, Sénatus organique du 18 mai (28 floréal an XII).

Il n'est point question de la liberté de la presse dans la formule du serment que s'est imposé Napoléon pour la garantie des différentes libertés; mais au titre VIII *sur le sénat*, il est dit, art. 64 : « Une commission de sept membres « nommés par le sénat et choisis dans son sein, est chargée « de veiller à la liberté de la presse. Ne sont point compris « dans ses attributions les ouvrages qui s'impriment et se « distribuent par abonnement et à des époques périodiques. « Cette commission est appelée *Commission sénatoriale de la* « *liberté de la presse*. — Art. 65. Les auteurs, imprimeurs « ou libraires qui se croient fondés à se plaindre d'empê- « chement mis à leur impression ou à la circulation d'un « ouvrage peuvent recourir directement et par voie de pé- « tition à la Commission sénatoriale de la liberté de la « presse, etc., etc. » Il serait difficile de qualifier comme il le mérite le ridicule de pareilles dispositions; celles des articles 67 et 68 sont dans le même genre.

1805.

Décret impérial du 22 mars (1ᵉʳ germinal an XIII), relatif aux droits des propriétaires d'ouvrages posthumes.

Ces ouvrages doivent être publiés séparément de ceux du même auteur, qui, déjà imprimés, seraient devenus du domaine public.

1805.

Décret impérial du 28 mars (7 germinal an XIII), concernant l'impression des livres d'église, des *Heures*, des *Prières*.

Ces sortes d'ouvrages ne peuvent se publier sans la permission de l'évêque diocésain.

1810.

Décret impérial du 5 février, contenant règlement de l'imprimerie et de la librairie.

Ce décret est divisé en huit titres : 1°. De la direction de l'imprimerie et de la librairie; II°. De la profession d'imprimeur; III°. De la police de l'imprimerie; IV°. Des libraires; V°. Des livres imprimés à l'étranger; VI°. De la propriété et de sa garantie; VII°. Des délits en matière de librairie, et du mode de les constater et de les punir; viii°. Dispositions générales.

L'art. 3 de ce décret porte qu'à dater du 1er janvier 1811, le nombre des imprimeurs dans chaque département sera fixé, et celui des imprimeurs à Paris réduit à soixante. (*Voyez* notre Tableau ci-dessus, p. 127-141.) — L'art. 6 prescrit à chaque imprimeur de Paris d'avoir (au moins) quatre presses, et dans les départemens deux. — L'art. 39 porte que le droit de propriété est garanti à l'auteur et à sa veuve pendant leur vie, si les conventions matrimoniales de celle-ci lui en donnent le droit, et à leurs enfans pendant vingt ans. — L'art. 48 ordonne le dépôt de chaque ouvrage imprimé, à la Préfecture, dans les départemens, et à la Préfecture de police, à Paris, au nombre de cinq exemplaires : un pour la Bibliothéque impériale, un pour le Ministre de l'intérieur, un pour la Bibliothéque du Conseil-d'État, un pour le Directeur général de la librairie.

1810.

Décret impérial du 6 juillet, portant défense à toutes personnes d'imprimer et débiter les sénatus-consultes, codes, lois et réglemens d'administration publique, avant leur publication par la voie du *Bulletin des Lois* au chef-lieu de département.

Les éditions faites en contravention de ce décret seront confisquées.

1810.

Décret impérial du 3 août, relatif aux journaux des départemens.

Il n'y aura qu'un seul journal par chaque département, autre que celui de la Seine. Ce journal sera sous l'autorité du préfet, et ne pourra paraître que sous son approbation.

1810.

Décret impérial du 18 novembre, concernant les presses, fontes, caractères et autres ustensiles d'imprimerie, qui, à dater du 1er janvier 1811, se trouveront en la possession d'individus non brevetés.

Ils sont assujettis à faire leur déclaration dans le délai d'un mois ; et l'on verra s'ils peuvent être continués dans l'exercice de l'état d'imprimeur.

1810.

Décret impérial du 14 décembre, qui fixe les droits à percevoir sur les livres imprimés à l'étranger, ou revenant de l'étranger.

Ce droit est fixé à 150 francs pour cent kilogrammes pesant, etc., etc.

1810.

Décret impérial du 14 décembre, qui donne aux censeurs de l'imprimerie le titre de censeurs impériaux, et qui leur accorde un traitement fixe (de 1200 francs), et une rétribution proportionnelle.

1810.

Décret impérial du 14 décembre, qui autorise la publication des feuilles d'annonces et de journaux de littérature, sciences et arts dans diverses villes de l'Empire.

Il y a eu encore de pareils décrets du 26 septembre 1811, et du 22 mars 1813.

1811.

Décret impérial du 2 février, qui fixe l'indemnité accordée aux imprimeurs supprimés à Paris.

Les soixante imprimeurs conservés sont tenus d'acheter les presses des imprimeurs supprimés ; ils paieront en outre chacun 4,000 fr., pour, la somme totale (240,000 fr.), être distribuée proportionnellement entre les imprimeurs supprimés.

1811.

Décret impérial du 2 février, relatif aux brevets à délivrer aux imprimeurs.

La taxe pour ces brevets a été de 50 francs à Paris, et de 25 francs pour les autres villes.

1811.

Décret impérial du 11 février, qui statue que le nombre des imprimeurs de la ville de Paris, fixé à soixante, est porté à quatre-vingts.

1811.

Décret impérial du 29 avril, qui établit un droit sur les ouvrages connus en imprimerie sous le nom de *labeurs*.

Ce droit est fixé à un centime par feuille d'impression. Un centime, c'est bien peu de chose, dira-t-on. Un seul exemple appliqué à un ouvrage souvent réimprimé (les Œuvres de Voltaire), va prouver que ce droit d'un centime pouvait produire une somme assez raisonnable. Supposons qu'un imprimeur ait publié les Œuvres de Voltaire en 70 volumes in-8°, que chaque volume soit, terme moyen, de 30 feuilles, et que l'édition soit tirée à 5,000 exemplaires, se douterait-on de la somme qui serait revenue à la direction de la librairie, pour le droit du centime par feuille? Eh bien, cette somme, ni plus ni moins, ne monte qu'au modique total de 105,000 francs. Aussi n'a-t-on vu aucune grande entreprise en librairie tant que ce droit a subsisté.

1811.

Décret impérial du 3 juin, qui règle le mode d'exécution du décret précédent du 29 avril.

En effectuant le dépôt des cinq exemplaires exigés par l'article 48 du réglement du 5 février 1810, on l'accompagnera de la remise d'une obligation personnelle de payer dans trois mois le centime par feuille.

1811.

Décret impérial du 19 juin, qui accorde réciproquement aux auteurs français et italiens, dans l'étendue de l'empire et du royaume d'Italie, les droits d'auteur assurés par l'article 39 du décret du 5 février 1810.

1811.

Décret impérial du 12 septembre, relatif aux

droits d'entrée à percevoir sur les ouvrages en langue française ou autres langues vivantes, imprimés à l'étranger.

Le droit de 150 francs par quintal métrique ne sera perçu à l'avenir que sur les ouvrages en langue française. Un droit de 75 centimes sera perçu par kilogramme pesant, sur les ouvrages en langues vivantes étrangères.

1811.

Décret impérial du 14 octobre, qui autorise la Direction de l'Imprimerie et de la Librairie à publier un journal de la librairie.

L'article 3 de ce décret défend, conformément à l'article 12 de l'arrêt du conseil du 16 avril 1785, à tous auteurs, éditeurs, journalistes, etc., d'annoncer aucun ouvrage imprimé ou gravé, avant qu'il n'ait été porté dans le journal de la librairie.

Ce journal, dont la rédaction est confiée à l'un de nos plus savans, de nos plus exacts et de nos plus consciencieux bibliographes, M. Beuchot, a paru, pour la première fois, sous le titre de *Bibliographie de l'Empire français, ou Journal de l'Imprimerie et de la Librairie*, le vendredi 1er novembre 1811 (1), et dès-lors il a continué et continue

---

(1) Avant ce journal, il en existait un rédigé à peu près dans le même genre, par M. Pierre Roux; mais ce laborieux rédacteur et ses succes-

encore avec un succès soutenu et bien mérité ; de sorte qu'il en existe maintenant 21 années ou volumes, gros in-8°, non compris l'année courante. Chaque volume est terminé par une triple table, alphabétique des ouvrages, alphabétique des noms d'auteurs, et méthodique pour la classification des ouvrages. Ces tables sont très commodes pour faciliter les recherches. Outre la liste exacte de tous les ouvrages annoncés avec les détails nécessaires sur le nombre de feuilles, sur le nom de l'imprimeur, sur l'adresse du libraire, et souvent sur le prix de chaque ouvrage, on trouve encore souvent dans cet intéressant recueil des notices bibliographiques, philologiques, historico-littéraires, etc., dues à l'érudition du rédacteur. Chaque numéro de ce journal officiel est signé de M. Beuchot et de M. Pillet, imprimeur et propriétaire.

C'est en suivant la publication de cette vaste collection qu'on peut se faire une idée de l'abondance des productions

---

seurs, M. Dujardin-Sailly, puis M. de Villevielle, étaient bien éloignés de posséder les connaissances et les talens de celui qui leur a succédé. Ce recueil, qui a paru sous le titre de *Journal typographique et bibliographique*, a commencé le 22 septembre 1797, et a fini le 16 octobre 1810 ; il a donc subsisté pendant treize ans. Depuis le lundi 26 mars 1810, il avait été souscrit par M. Pillet ; et le mardi 4 décembre 1810, a paru chez le même M. Pillet le même journal sous le titre de *Journal général de l'Imprimerie et de la Librairie*, première année, N° Ier ; celui-ci a continué jusqu'au lundi 30 septembre 1811, renfermant 2548 articles. C'est à sa suite qu'a paru le journal officiel de la librairie, dont le premier Numéro est, comme nous l'avons dit, daté du 1er novembre 1811. Il est donc bon de joindre le recueil commencé par M. Roux, au *Journal de la Librairie*, ce qui forme, jusqu'à ce moment, une collection de 34 vol. in-8°, fort utile aux bibliographes.

que les presses françaises fournissent chaque année à la curiosité, à l'utilité, aux passions, au désœuvrement, et quelquefois, disons-le, au commerce de l'épicerie et de la beurrière; car tout le monde tire parti de cette branche industrielle, qui, surtout depuis 1817, a pris une extension et une activité telle, que l'excès de ses produits a failli la dessécher entièrement. On pourra juger de cette activité progressive par le petit relevé suivant du nombre d'articles que, chaque année, le *Journal de la Librairie* a enregistrés d'après l'envoi et le dépôt des imprimeurs.

	Articles.		Articles.
Tom. I et II. 1811 et 1812.	5442	Tom. XII... 1822...	5824
Tom. III... 1813...	3749	Tom. XIII.. 1823...	5893
Tom. IV... 1814...	2547	Tom. XIV... 1824...	6974
Tom. V.... 1815...	3357	Tom. XV... 1825...	7605
Tom. VI... 1816...	3763	Tom. XVI... 1826...	8273
Tom. VII... 1817...	4237	Tom. XVII... 1827...	8198
Tom. VIII... 1818...	4837	Tom. XVIII. 1828...	7616
Tom. IX... 1819...	4568	Tom. XIX... 1829...	7823
Tom. X.... 1820...	4878	Tom. XX... 1830...	6739
Tom. XI... 1821...	5499	Tom. XXI... 1831...	6180

Voilà donc, pour ces vingt et une années, un total de cent quatorze mille deux articles de librairie, qui ont été portés au journal officiel (non compris les parties de la gravure et de la musique); il est vrai que chaque article n'annonce pas toujours un ouvrage; mais retranchons-en un tiers pour annonces de livraisons isolées, de changemens de frontispices, pour prospectus et autres bagatelles de cette nature, il en restera encore assez pour n'être pas surpris des plaies profondes que la surabondance des produits a faites au commerce de la librairie depuis trois ou quatre ans.

1812.

Décret impérial du 2 juillet, concernant le dépôt des ouvrages imprimés à Paris.

Des cinq exemplaires, un seul sera déposé à la Préfecture de police, et les quatre autres à la Direction générale de la librairie.

1812.

Décret impérial du 11 juillet, qui déclare communes aux libraires les dispositions de celui du 2 février 1811, relatives aux brevets des imprimeurs.

GOUVERNEMENT PROVISOIRE.

1814.

Sénatus-consulte du 1er avril, en 6 articles, qui nomme un gouvernement provisoire composé de cinq membres (Talleyrand, Beurnonville, Jaucourt, d'Alberg et Montesquiou), chargé de veiller aux besoins de l'administration, et de présenter au sénat un projet de constitution.

L'article 6 de ce sénatus-consulte porte que « la liberté

« de la presse sera maintenue et proclamée, sauf la répres-
« sion légale des délits qui pourraient naître de l'abus de
« cette liberté. »

Nota. Un sénatus-consulte du lendemain, 2 avril, prononce la déchéance de Napoléon Bonaparte, et l'abolition du droit d'hérédité dans sa famille.

1814.

CONSTITUTION FRANÇAISE décrétée par le Sénat-Conservateur, le 6 avril, en 29 articles.

Il est dit, dans cette constitution, article 23 : « La liberté
« de la presse est entière, sauf la répression des délits qui
« pourraient résulter de l'abus de cette liberté. La commis-
« sion sénatoriale de cette liberté est conservée. »

1814.

ARRÊTÉ du gouvernement provisoire, du 7 avril, concernant la police des placards, affiches et feuilles politiques.

1814.

Autre arrêté du même jour, 7 avril, concernant la police des journaux, et prescrivant l'exécution des réglemens sur la librairie, etc.

1814.

ARRÊTÉ du gouvernement provisoire, du 9 avril, ayant pour objet d'assurer la libre circulation des lettres et des journaux.

SOUS LOUIS XVIII.

PREMIÈRE RESTAURATION.

1814.

DÉCLARATION du Roi, datée de Saint-Ouen, le 2 mai.

Sa Majesté y met au nombre des garanties qu'assurera la constitution : « La liberté de la presse respectée, sauf les « précautions nécessaires à la tranquillité publique. »

1814.

CHARTE CONSTITUTIONNELLE, du 4 juin.

Elle porte, art. 8 : « Les Français ont le droit de publier « et de faire imprimer leurs opinions en se conformant aux « lois qui doivent réprimer les abus de cette liberté. »

1814.

ORDONNANCE du Roi, du 10 juin, qui maintient

provisoirement les lois, décrets et réglemens par lesquels il a été pourvu jusqu'à ce moment à la répression des délits de la presse.

1814.

Loi du 21 octobre, relative à la liberté de la presse.

Cette loi a 2 titres et 22 articles. Le premier titre regarde la publication des ouvrages, et le second la police de la presse. Il est dit à l'art. 1er : « Tout écrit de plus de « vingt feuilles d'impression pourra être publié librement »; et à l'art. 3 : « Les écrits de vingt feuilles et au-dessous se- « ront sujets à l'examen ou à la censure préalable. » L'art. 19 porte que tout libraire qui aura mis en vente un ouvrage sans nom d'imprimeur, sera condamné à une amende de 2,000 fr., qui sera réduite à 1,000 s'il fait connaître l'imprimeur.

Une ordonnance du 23 octobre met la direction de la librairie dans les attributions du chancelier.

1814.

Ordonnance du Roi, du 24 octobre, qui nomme des censeurs royaux.

1814.

Ordonnance du Roi, du 24 octobre, contenant

des mesures relatives à l'impression, au dépôt et à la publication des ouvrages. — Le dépôt est toujours de cinq exemplaires.

1814.

ARRÊTÉ du Chancelier, du 28 octobre, portant que nul journal ou écrit périodique ne paraîtra sans l'autorisation prescrite par l'art. 9 de la loi du 21 octobre précédent.

1814.

ORDONNANCE du Roi, du 28 décembre, relative à l'Imprimerie royale, en 21 articles.

L'art. 9 spécifie que les types de cette imprimerie continueront à porter les marques et signes particuliers qui les distinguent des caractères gravés pour les imprimeries du commerce. (Les plus apparens de ces signes se reconnaissent au milieu de l, bas de casse, et à l'extrémité de h, d, b, etc.)

SOUS LE GOUVERNEMENT IMPÉRIAL.

LES CENT-JOURS.

1815.

Retour de Napoléon Bonaparte à Paris, le 20 mars.

1815.

Décret impérial du 24 mars, qui supprime la direction générale de l'imprimerie et de la librairie, ainsi que les censeurs royaux.

1815.

Décret impérial du 26 mars, qui maintient provisoirement les lois et réglemens concernant la profession d'imprimeur et de libraire.

1815.

Décret impérial du 21 avril, qui révoque l'ordonnance du Roi, du 28 décembre 1814, sur l'Imprimerie royale.

1815.

ACTE ADDITIONNEL, du 22 avril.

L'article 64 porte : « Tout citoyen a le droit d'imprimer « et de publier ses pensées, en les signant, sans aucune cen- « sure préalable, sauf la responsabilité légale, après la pu- « blication, par jugement par jurés, quand même il n'y « aurait lieu qu'à l'application d'une peine correctionnelle. »

.... *Quantum mutatus ab illo*
Hectore..................................

1815.

INSTRUCTION du ministre de la police générale (Fouché), du 3 mai.

Elle porte que, malgré la suppression de la censure, les lois sur l'imprimerie et la librairie continueront à être exécutées.

1815.

DÉCRET impérial du 11 mai, portant suppression des inspecteurs de la librairie, et création de neuf commissaires spéciaux de la librairie.

La destination de ces commissaires fut ainsi arrêtée : 3 à Paris, 1 à Strasbourg, 1 à Lyon, 1 à Avignon, 1 à Toulouse, 1 à Bordeaux, et 1 à Lille.

1815.

PROJET de constitution présenté par la commission centrale de la Chambre des Députés, le 29 juin, en dix chapitres.

Il est question, dans le premier chapitre, des droits communs à tous les Français, et l'art. 5 porte au nombre de ces droits « la liberté d'imprimer et de publier ses pensées, « sans que les écrits soient soumis à aucune censure ni ins- « pection avant leur publication, sauf, après la publication, « la responsabilité légale, et le jugement par jurés, quand « même il n'y aurait lieu qu'à l'application d'une peine cor- « rectionnelle. »

Ce n'est qu'une répétition de l'article de l'acte additionnel précédemment cité. Cette constitution n'a jamais existé qu'en projet. Cette Chambre (des Cent-Jours) tenait beaucoup au jugement des délits de la presse par le jury.

SOUS LOUIS XVIII.

SECONDE RESTAURATION.

1815.

Le Roi rentre à Paris le 8 juillet.

1815.

ORDONNANCE du Roi, du 20 juillet, concernant l'exécution de la loi du 21 octobre 1814, relative à la liberté de la presse.

Cette ordonnance ôte au directeur général de la librairie

et aux préfets la surveillance de la publication des ouvrages de 20 feuilles d'impression et au-dessous, que leur donnait la loi du 21 octobre 1814. Le reste de la loi est maintenu.

1815.

ORDONNANCE du Roi, du 8 août, qui assujettit tous les journaux à une nouvelle autorisation du ministre de la police générale, et soumet tous les écrits périodiques à l'examen d'une commission.

1815.

Loi du 9 novembre, relative à la répression des écrits séditieux et des provocations à la révolte.

L'art. 5 déclare séditieux tout écrit imprimé qui aura cherché à affaiblir l'autorité du Roi.

1816.

Loi du 28 avril, qui défend aux imprimeurs de se servir, pour les affiches des particuliers, du commerce, etc., du papier de couleur blanche. Ce papier est réservé pour les actes du gouvernement, des administrations, etc.

1816.

ORDONNANCE du Roi, du 4 septembre, qui révoque le brevet d'imprimeur du Roi, qui avait été conféré au sieur Michaud.

1817.

Loi du 28 février sur les journaux et écrits périodiques.

Ils ne pourront paraître qu'avec l'approbation du Roi, jusqu'au 1ᵉʳ janvier 1818.

1817.

Loi du même jour, 28 février, relative aux écrits saisis en vertu de la loi du 21 octobre 1814.

L'ordre de saisie et le procès-verbal seront, sous peine de nullité, notifiés dans les vingt-quatre heures à la partie saisie, sous peine de diligence, etc.

Dans une discussion qui eut lieu à la Chambre des Pairs, M. de Lally-Tolendal dit : « ..... Point de gouvernement
« représentatif qui n'ait pour objet et pour fondement
« la liberté publique et individuelle ; point de liberté ni
« publique ni individuelle sans la liberté de la presse ; point
« de liberté de la presse sans la liberté des journaux ; point
« de liberté de la presse ou des journaux partout où les
« délits de la presse et des journaux sont jugés autrement
« que par un jury, soit ordinaire, soit spécial ; enfin, point
« de liberté d'aucun genre, si, à côté d'elle, n'est une loi

« qui en garantisse la jouissance, par cela même qu'elle en
« réprime les abus.... » Voilà, certes, des principes dont la
théorie séduisante a dû charmer tous les partisans d'une
liberté placée sur la plus large base ; et ils n'ont jamais
cessé d'en appeler de tous leurs vœux l'exécution. Maintenant que nous possédons cette loi si désirée ; que depuis
la révolution de juillet 1830, la liberté de la presse, soit
pour les journaux, soit pour les écrits en tous genres, s'est
exercée avec une telle latitude, qu'il s'est passé, et qu'il se
passe encore peu de semaines que le ministère public ne
soit obligé d'invoquer l'application des lois de répression;
et enfin, maintenant que le jury, appelé à prononcer sur
ces sortes de délits, a donné maintes et maintes décisions,
qui, convenons-en, ont causé quelque surprise dans le public, nous demandons, dans le cas où M. de Lally-Tolendal
vivrait encore, s'il soutiendrait aujourd'hui sa théorie précédente avec autant de confiance qu'il le faisait en 1817 ?
L'expérience est un grand maître, mais ses leçons coûtent
parfois un peu cher; et malheureusement ce n'est pas une
raison pour que l'on en profite toujours.

1817.

Loi du 25 mars *(sur les finances)*, concernant
les ouvrages périodiques relatifs aux sciences,
arts, etc., qui sont exempts du timbre, ainsi
que les annonces, prospectus et catalogues de
libraires.

1817.

Loi du 27 mars *(sur les douanes)*, relative aux droits d'entrée sur les livres venant de l'étranger.

Elle indique les bureaux par lesquels ils peuvent parvenir. De nouveaux bureaux sont désignés par une instruction du mois de juin suivant; et au mois d'août, une nouvelle instruction a encore ajouté d'autres bureaux aux précédens.

1817.

Ordonnance du Roi, du 8 octobre, qui assimile la lithographie aux mêmes formalités que l'imprimerie, pour les brevets, dépôts, etc., etc.

1818.

Loi du 30 décembre, portant que les journaux ne pourront paraître qu'avec l'autorisation du Roi, jusqu'à la fin de la session de 1818.

Cette loi a été adoptée à la Chambre des Députés par 131 votans sur 228, et à la Chambre des Pairs par 105 sur 157.

1819.

Loi du 17 mai sur la répression des crimes et

délits commis par la voie de la presse, ou par tout autre moyen de publication.

Cette loi est en 6 chapitres et en 26 articles. Chap. 1er. De la provocation publique aux crimes et délits. — Chap. II. Des outrages à la morale publique et religieuse, ou aux bonnes mœurs. — Chap. III. Des offenses publiques envers la personne du Roi. — Chap. IV. Des offenses publiques envers les membres de la Famille royale, les Chambres, les souverains et les chefs de gouvernemens étrangers. — Chap. V. De la diffamation et de l'injure publique. — Chap. VI. Dispositions générales.

1819.

Loi du 26 mai, en 31 articles, relative à la poursuite et au jugement des crimes et délits commis par la voie de la presse, ou par tout autre moyen de publication.

Cette loi détermine la manière de procéder pour chaque cas. Le dernier article abroge la loi du 28 février 1817.

1819.

Loi du 9 juin, en 13 articles, relative à la publication des journaux ou écrits périodiques.

Elle exige la déclaration préalable de la part du propriétaire ou éditeur responsable, l'astreint à un cautionnement, etc.

1819.

ORDONNANCE du Roi, du 9 juin, en 8 articles, concernant l'exécution de la loi précédente.

1820.

ORDONNANCE du Roi, du 12 janvier, en 2 titres et 20 articles, relative à l'Imprimerie royale.

1820.

Mort tragique du duc de Berry, le 13 février.

Nous citons cette mort, parce qu'elle a influé sur quelques changemens survenus dans la législation de la liberté de la presse.

1820.

Loi du 31 mars, sur les journaux et écrits périodiques.

Cette loi suspend temporairement la circulation des journaux politiques; aucun ne pourra être publié sans l'autorisation du Roi. Cette loi cessera d'avoir son effet à la fin de la cession de 1820.

1820.

ORDONNANCE du Roi, du 1er avril, relative à l'exécution de la précédente loi.

Elle est divisée en 3 titres. Le premier, sur l'autorisation des journaux et écrits périodiques; le second, sur la censure; une commission de douze censeurs est établie près du ministère de l'intérieur, et une commission de trois censeurs l'est près du préfet dans chaque département : le troisième titre regarde les dessins, estampes et gravures.

1820.

ORDONNANCE du Roi, du 1er avril, qui nomme huit censeurs.

Une autre ordonnance du 5 nomme les quatre autres censeurs.

1820.

ORDONNANCE du Roi, du 1er avril, qui nomme un conseil de surveillance de la censure pris parmi les membres de la Cour de Cassation, de la Cour des Comptes, et de la Cour royale.

1820.

ORDONNANCE du Roi, du 23 juin, qui autorise le

sieur Panckoucke à donner une réimpression du grand ouvrage de la description de l'Égypte.

1821.

Loi du 26 juillet, relative à la censure des journaux.

Elle porte que la loi du 31 mars continuera à avoir son effet jusqu'à la fin du troisième mois qui suivra l'ouverture de la session de 1821.

1822.

Loi du 17 mars, relative à la police des journaux.

Cette loi porte que nul journal ne peut paraître sans l'autorisation du Roi, mais que cette disposition ne regarde pas les journaux existant au 1er janvier 1822. L'art. 3 attribue aux procureurs généraux le droit de poursuivre les journaux dont l'esprit, par une succession d'articles, serait de porter atteinte à la tranquillité publique, etc.

1822.

Loi du 25 mars, relative à la répression et à la poursuite des délits commis par la voie de la presse, ou par tout autre moyen de publication.

Cette loi est divisée en 2 titres : 1°. de la répression; 11°. de la poursuite. Elle a pour but l'exécution de la loi précédente du 17 mars, et détermine les peines selon les différens genres de délits.

1822.

ORDONNANCE du Roi, du 1ᵉʳ mai, relative à l'autorisation dont doivent être pourvus les graveurs et les lithographes.

Elle indique où ces artistes doivent se pourvoir de cette autorisation.

1822.

ORDONNANCE du Roi, du 26 juin, qui retire le brevet de libraire au sieur J.-Fr. Terry, libraire à la résidence de Paris.

Cette ordonnance est motivée sur ce que le sieur Terry a été condamné à six mois de prison et 1,000 fr. d'amende pour vente et distribution d'écrits séditieux, etc.

Il existe beaucoup d'ordonnances du même genre contre des libraires ou imprimeurs auxquels on a retiré le brevet. Nous en citerons quelques unes : Du 25 septembre 1822, contre le sieur J.-F. Leroux, libraire à Paris. — De même date, contre le sieur Al. Corréard, libraire à Paris. — Du

22 janvier 1823, contre le sieur Jean-Érasme Kleffer, libraire à Paris. — Du 22 février 1823, contre le sieur J.-P. Oddont, libraire à Avalon. — De même date, contre le sieur J.-B. Ferret, libraire à Bordeaux. — Du 5 mars 1823, contre le sieur P.-Fr. Dupont, imprimeur à Paris (1). — Du 19 mars 1823, contre le sieur J.-M.-A. Niogret, libraire à Paris. — Du 30 avril 1823, contre le sieur Frédéric-Charles Heitz, imprimeur à Strasbourg, pour avoir traduit et imprimé en allemand une brochure de M. Kœchlin, sur les événemens qui ont eu lieu à Colmar les 2 et 3 juillet 1822. — Du 14 mai 1823, contre le sieur Ét. Despierris aîné, imprimeur-libraire à Niort. — Du 18 juin 1823, contre le sieur J.-B. Cousot, imprimeur à Chaumont. — Du 19 novembre 1823, contre le sieur L.-J. Godefroy, libraire à Avignon. — Du 24 décembre 1823, contre le sieur Constant Chantpie, imprimeur à Paris.

Il y a également eu beaucoup de condamnations devant les tribunaux, mais qui, toutes, n'ont pas été suivies d'ordonnances de révocation des brevets.

1823.

ORDONNANCE du Roi, du 5 mars, relative à la dimension du papier employé pour les journaux et à l'augmentation du port, à raison de cette dimension.

---

(1) On a délivré un brevet d'imprimeur au sieur Dupont le 1ᵉʳ mars 1831, en remplacement du sieur Gaulthier-Laguionie, son prédécesseur et son successeur.

1823.

Ordonnance du Roi, du 23 juillet, qui ordonne que l'Imprimerie royale soit administrée en régie, etc.

1824.

Ordonnance du Roi, du 15 août, qui remet en vigueur les lois du 31 mars 1820, et du 26 juillet 1821.

1824.

Ordonnance du Roi, du 16 août, qui forme près le ministère de l'intérieur une commission chargée de l'examen préalable des journaux, en exécution de la précédente ordonnance du 15 août.

SOUS CHARLES X.

1824.

Charles X succède à Louis XVIII, le 16 septembre.

1824.

Ordonnance du Roi, du 29 septembre, qui porte que la loi du 15 août précédent cessera d'avoir son effet.

1825.

Ordonnance du Roi, du 28 mai, portant amnistie pleine et entière pour toute condamnation à des peines correctionnelles en fait de délits politiques, en vertu de la loi du 17 mai 1819, et de celle du 25 mars 1822. Mais les saisies d'écrits et de gravures, en exécution desdites lois et de celle du 25 mai 1819, auront toujours leur effet.

1825.

Ordonnance du Roi, du 31 juillet *(sur les postes)*, relative à l'affranchissement des lettres et imprimés pour différens États de l'Europe.

1827.

Ordonnance du Roi, du 15 mars, sur les journaux, etc.

L'article 8 porte que le port des feuilles périodiques sera de 5 centimes.

1827.

Ordonnance du Roi, du 24 juin, qui remet en vigueur les lois du 31 mars 1820, et du 26 juillet 1821.

1827.

ORDONNANCE du Roi, du même jour 24 juin, portant qu'en exécution de l'ordonnance précédente, il y aura près du ministère de l'intérieur un bureau composé de six censeurs, chargé de l'examen préalable des journaux, etc.; de plus, un conseil de neuf membres, chargé de la surveillance de la censure, etc.

Deux ordonnances, du même jour 24 juin, ont nommé, l'une, les neuf membres du conseil de surveillance de la censure, et l'autre, les six membres de cette censure. Quatre autres ordonnances, du 4, du 8, du 18 juillet, puis du 1ᵉʳ septembre, ont pourvu au remplacement de plusieurs membres du conseil et de la censure, démissionnaires.

1827.

ORDONNANCE du Roi, du 1ᵉʳ septembre, portant que la peine de la contravention à l'art. 11 de la loi du 21 octobre 1814 est celle de l'amende de 500 francs, etc.

1828.

ORDONNANCE du Roi, du 19 janvier, qui réduit à

deux exemplaires le dépôt pour les livres imprimés, et à trois les épreuves des gravures ou lithographies.

1828.

Loi du 18 juillet, sur les journaux et écrits périodiques.

Cette loi, assez étendue, quoiqu'en 18 articles seulement, porte que, tout Français majeur, jouissant de ses droits civils, pourra publier un journal, etc. Il y aura cautionnement pour les journaux politiques seulement, puis un ou plusieurs gérans responsables, etc., etc.

1828.

Ordonnance du Roi, du 29 juillet, relative au cautionnement à fournir, et qui doit être versé d'avance, etc., etc.

1829.

Ordonnance du Roi, du 13 septembre, qui supprime les quatre inspecteurs de la librairie existant à Paris, et investit les commissaires de police de leurs attributions.

1830.

Ordonnance du Roi, du 25 juillet.

Cette fatale ordonnance n'est plus qu'une pièce historique, dont les terribles résultats tiendront une grande place dans l'histoire; nous croyons donc qu'elle doit figurer en entier dans notre ouvrage, destiné à renfermer ce qui tient à l'histoire de la liberté de la presse. Mais cette ordonnance serait un monument incomplet si nous ne la faisions précéder de la partie du rapport dont le ministère d'alors a cru devoir l'appuyer, ou plutôt la motiver. Nous donnerons donc de ce rapport le passage où il est question de la presse, parce que c'est le seul qui coïncide avec notre travail. Nous n'accompagnerons cette citation d'aucune réflexion, depuis long-temps le public a jugé, et d'ailleurs

Non nostrûm..... tantas componere lites.

Voici ce passage, où la liberté de la presse périodique, comme on doit s'y attendre, est sévèrement traitée :

« A toutes les époques la presse périodique n'a été, et il est dans sa nature de n'être qu'un instrument de désordre et de sédition.

« Que de preuves nombreuses et irrécusables à l'appui de cette vérité! C'est par l'action violente et non interrompue de la presse que s'expliquent les variations trop subites, trop fréquentes de notre politique intérieure. Elle n'a pas permis qu'il s'établît en France un système régulier et stable de gouvernement, ni qu'on s'occupât avec quelque suite d'introduire dans toutes les branches de l'administration publique les améliorations dont elles sont susceptibles. Tous les ministères depuis 1814, quoique formés sous des influences diverses et soumis à des directions opposées, ont été en butte aux mêmes traits, aux mêmes attaques et au même déchaînement de passions. Les sacrifices de tout genre, les concessions de pouvoir, les alliances de parti, rien n'a pu les soustraire à cette commune destinée.

« Ce rapprochement seul, si fertile en réflexions, suffirait pour assigner à la presse son véritable, son invariable caractère. Elle s'applique par des efforts soutenus, persévérans, répétés chaque jour, à relâcher tous les liens d'obéissance et de subordination, à user les ressorts de l'autorité publique, à la rabaisser, à l'avilir dans l'opinion des peuples, et à lui créer partout des embarras et des résistances.

« Son art consiste non pas à substituer à une trop facile soumission d'esprit, une sage liberté d'examen, mais à réduire en problème les vérités les plus positives ; non pas à provoquer sur les questions politiques une controverse franche et utile, mais à les présenter sous un faux jour et à les résoudre par des sophismes.

« La presse a jeté ainsi le désordre dans les intelligences les plus droites, ébranlé les convictions les plus fermes, et produit au milieu de la société une confusion de principes qui se prête aux tentatives les plus funestes. C'est par l'anarchie dans les doctrines qu'elle prélude à l'anarchie dans l'État.

« Il est digne de remarque que la presse périodique n'a pas même rempli sa plus essentielle condition, celle de la publicité. Ce qui est étrange, mais ce qui est vrai à dire, c'est qu'il n'y a pas de publicité en France, en prenant ce mot dans sa juste et rigoureuse acception. Dans l'état des choses, les faits, quand ils ne sont pas entièrement supposés, ne parviennent à la connaissance de plusieurs millions de lecteurs que tronqués, défigurés et mutilés de la manière la plus odieuse. Un épais nuage, élevé par les journaux, dérobe la vérité et intercepte en quelque sorte la lumière entre le gouvernement et les peuples,....

« La presse ne tend pas moins qu'à subjuguer la souveraineté et à envahir les pouvoirs de l'État. Organe prétendu de l'opinion publique, elle aspire à diriger les débats des deux Chambres, et il est incontestable qu'elle y apporte le poids d'une influence non moins fâcheuse que décisive. Cette domination a pris, surtout depuis deux ou trois ans, dans la Chambre des Députés un caractère manifeste d'oppression et de tyrannie. On a vu dans cet intervalle de temps les journaux poursuivre de leurs insultes et de leurs outrages les membres dont le vote leur paraissait incertain ou suspect. Trop souvent la liberté des délibérations dans cette Chambre a succombé sous les coups redoublés de la presse.....

« La presse périodique n'a pas mis moins d'ardeur à poursuivre de ses traits envenimés la religion et le prêtre; elle veut, elle voudra toujours déraciner dans le cœur des peuples jusqu'au dernier germe des sentimens religieux. Ne doutez pas qu'elle y parvienne en attaquant les fondemens de la foi, en altérant les sources de la morale publique, et en prodiguant à pleines mains la dérision et le mépris aux ministres des autels.

« Nulle force, il faut l'avouer, n'est capable de résister à un dissolvant aussi énergique que la presse. A toutes les époques où elle s'est dégagée de ses entraves, elle a fait irruption, invasion dans l'État. On ne peut être que singulièrement frappé de la similitude de ses effets depuis quinze ans, malgré la diversité des circonstances, malgré le changement des hommes qui ont occupé la scène politique. Sa destinée est, en un mot, de recommencer la révolution dont elle proclame hautement les principes. Placée et replacée à plusieurs intervalles sous le joug de la censure, elle n'a autant de fois ressaisi la liberté que pour reprendre son ouvrage interrompu. Afin de le continuer avec plus de succès, elle a trouvé un actif auxiliaire dans la presse départementale, qui mettant aux prises les jalousies et les haines locales, semant l'effroi dans l'âme des hommes timides, harcelant l'autorité par d'interminables tracasseries, a exercé une influence presque décisive sur les élections.

« Ces derniers effets sont passagers ; mais des effets plus durables se font remarquer dans les mœurs, dans le caractère de la nation. Une polémique ardente, mensongère et passionnée, école de scandale et de licence, y produit des changemens graves et des altérations profondes ; elle donne une fausse direction aux esprits, les remplit de préventions et de préjugés, les détourne des études sérieuses, nuit aussi aux progrès des arts et des sciences, excite parmi nous une fermentation toujours croissante, entretient jusque dans le sein des familles de funestes dissensions, et pourrait par degrés nous ramener à la barbarie.

« Contre tant de maux enfantés par la presse périodique, la loi et la justice sont également réduites à confesser leur impuissance.

« Il serait superflu de rechercher les causes qui ont atténué la répression et en ont fait insensiblement une arme inutile dans la main du pouvoir. Il nous suffit d'interroger l'expérience et de constater l'état présent des choses.

« Les mœurs judiciaires se prêtent difficilement à une répression efficace. Cette vérité d'observation avait depuis long-temps frappé les bons esprits : elle a acquis nouvellement un caractère plus marqué d'évidence. Pour satisfaire aux besoins qui l'ont fait instituer, la répression aurait dû être prompte et forte : elle est restée lente, faible, et à peu près nulle. Lorsqu'elle intervient, le dommage est commis; loin de le réparer, la punition y ajoute le scandale du débat.

« La poursuite juridique se lasse, la presse séditieuse ne se lasse jamais; l'une s'arrête, parce qu'il y a trop à sévir; l'autre multiplie ses forces en multipliant ses délits.

« Dans des circonstances diverses, la poursuite a eu ses périodes d'activité ou de relâchement; mais zèle ou tiédeur de la part du ministère public, qu'importe à la presse? elle cherche dans le redoublement de ses excès la garantie de leur impunité.

« L'insuffisance, ou plutôt l'inutilité des précautions établies dans les lois en vigueur, est démontrée par les faits, c'est que la sûreté publique est compromise par la licence de la presse. Il est temps, il est plus que temps d'en arrêter les ravages..... »

Passons maintenant au texte de l'ordonnance :

« ART. 1ᵉʳ. La liberté de la presse périodique est suspendue.

« 2. Les dispositions des articles 1, 2 et 9 du titre Iᵉʳ de la loi du 21 octobre 1814, sont remises en vigueur.

« En conséquence, nul journal et écrit périodique ou semi-périodique, établi ou à établir, sans distinction des matières qui y seront traitées, ne pourra paraître, soit à Paris, soit dans les départemens, qu'en vertu de l'autorisation qu'en auront obtenue de nous séparément les auteurs et l'imprimeur. Cette autorisation devra être renouvelée tous les trois mois. Elle pourra être révoquée.

« 3. L'autorisation pourra être provisoirement accordée et provisoirement retirée par les préfets aux journaux et ouvrages périodiques ou semi-périodiques publiés ou à publier dans les départemens.

« 4. Les journaux et écrits publiés en contravention à l'art. 2, seront immédiatement saisis. Les presses et caractères qui auront servi à leur impression, seront placés dans un dépôt public et sous scellés, ou mis hors de service.

« 5. Nul écrit au-dessous de vingt feuilles d'impression ne pourra paraître qu'avec l'autorisation de notre ministre secrétaire-d'État de l'intérieur à Paris, et des préfets dans les départemens. Tout écrit de plus de vingt feuilles d'impression, qui ne constituera pas un même corps d'ouvrage, sera également soumis à la nécessité de l'autorisation. Les écrits publiés sans autorisation seront immédiatement saisis. Les presses et caractères qui auront servi à leur impression, seront placés dans un dépôt public et sous scellés, ou mis hors de service.

« 6. Les mémoires sur procès, et les mémoires des sociétés savantes ou littéraires, sont soumis à l'autorisation préalable, s'ils traitent en tout ou en partie des matières politiques, cas auquel les mesures prescrites par l'article 5 leur seront applicables.

« 7. Toute disposition contraire aux présentes restera sans effet.

« 8. L'exécution de la présente ordonnance aura lieu en conformité de l'art. 4 de l'ordonnance du 28 novembre 1816, et de ce qui est prescrit par celle du 18 janvier 1817.

« 9. Nos ministres secrétaires-d'État sont chargés de l'exécution des présentes. »

Contre-signé par les sept ministres, MM. DE POLIGNAC, CHANTELAUZE, D'HAUSSEZ, DE PEYRONNET, MONTBEL, DE GUERNON DE RANVILLE, CAPELLE (1).

---

(1) Ces sept ministres ont été mis en jugement, comme coupables de haute trahison. Les débats solennels de ce procès ont eu lieu à la Chambre des Pairs pour quatre de ces ministres seulement, les autres étant hors de France. Les séances ont commencé le 15 décembre 1830. M. de Polignac

SOUS-LOUIS PHILIPPE,

LIEUTENANT-GÉNÉRAL DU ROYAUME.

1830.

Le 1ᵉʳ août, Mgʳ le duc d'Orléans est reconnu lieutenant-général du royaume.

1830.

ORDONNANCE du lieutenant-général du royaume, du 2 août, portant que les condamnations prononcées pour délits politiques de la presse,

---

a eu pour défenseur M. de Martignac*; M. de Peyronnet a été défendu par M. Hennequin; M. Chantelauze, par M. Crémieux; et M. Guernon de Ranville, par M. Sauzet. Les débats ont duré sept jours; ils ont fini le 21, et le 22 la Chambre des Pairs a prononcé son arrêt, déclarant les quatre prévenus coupables de haute trahison, et les condamnant à la prison perpétuelle et aux frais du procès. Ils ont été conduits de Vincennes au fort de Ham.

* Nous apprenons à l'instant la mort de M. de Martignac, ancien ministre et député, arrivée le 2 avril de la présente année 1832. C'était un homme de mérite et de talent, recommandable par ses principes et surtout par son extrême délicatesse; il en a fait preuve lors de la dernière guerre d'Espagne, et en se chargeant de la défense de M. de Polignac. C'est de cet homme de bien que l'on peut dire :

Multis ille bonus flebilis occidit.

demeurent sans effet, et que les personnes détenues à raison de ces délits seront mises en liberté.

1830.

Abdication de Charles X et du duc d'Angoulême, en faveur du duc de Bordeaux.

1830.

CHARTE CONSTITUTIONNELLE MODIFIÉE, du 7 août.

Dans la déclaration de la Chambre des Députés, qui modifie la Charte, il est dit qu'elle pourvoira dans le plus court délai possible à différens objets, dont le premier est « l'application du jury aux délits de la presse et aux délits « politiques. »

Elle finit par dire que, « moyennant l'acceptation des « dispositions et propositions (énoncées dans cette décla-« ration), l'intérêt universel et pressant du peuple français « appelle au trône S. A. R. Louis-Philippe d'Orléans, duc « d'Orléans, lieutenant-général du royaume, et ses descen-« dans à perpétuité...... »

SOUS LOUIS-PHILIPPE,

ROI DES FRANÇAIS.

1830.

Louis-Philippe, duc d'Orléans, est proclamé Roi des Français dans la séance des députés, du 9 août, après avoir accepté la déclaration mentionnée ci-dessus, et avoir prêté serment.

1830.

Loi du 8 octobre, qui attribue aux cours d'assises la connaissance des délits de la presse et des délits politiques.

La voilà donc enfin rendue cette loi si désirée. Depuis dix-neuf mois qu'elle est en vigueur, et que l'on a été très souvent dans le cas d'en faire l'application, on peut en apprécier les effets.

1830.

Loi du 29 novembre, portant que toute attaque contre la dignité royale et la stabilité du trône, etc., sera punie d'un emprisonnement de trois à cinq ans, et d'une amende de 300 à 6,000 francs.

1830.

Loi du 10 décembre, relative aux afficheurs, crieurs, vendeurs ou distributeurs sur la voie publique, d'écrits imprimés, lithographiés, gravés, ou à la main.

1830.

Loi du 14 décembre, sur le cautionnement, sur le timbre et sur l'affranchissement des journaux.

Pour les journaux qui paraissent plus de deux fois par semaine, le premier article de cette loi porte que le cautionnement sera de 2,400 fr. de rente, etc. Pour les journaux quotidiens imprimés dans les départemens, le cautionnement sera de 800 francs de rente dans les villes de cinquante mille âmes et au-dessus, et de 500 francs dans les autres villes (*voyez* la loi du 8 avril 1831). — Le second article regarde le timbre. — Le troisième établit que le droit de cinq centimes fixé par la loi du 15 mars 1827, pour le port sur les journaux transportés hors des limites du département où ils sont publiés, sera réduit à quatre centimes, et ces mêmes feuilles ne paieront que deux centimes quand elles ne sortiront pas des limites du département.

1831.

Loi du 8 avril, sur la procédure en matière de délit de la presse.

Cette loi autorise le ministère public à saisir la Cour d'assises de la connaissance des délits commis par la voie de la presse, ou par les autres moyens de publication énoncés dans la loi du 17 mai 1829. Il aura la même faculté contre les crieurs, afficheurs, etc.

1831.

Loi du 8 décembre, sur le cautionnement des journaux ou écrits périodiques paraissant même irrégulièrement.

Cette loi abroge l'art. 1er de la loi du 14 décembre 1830, et porte que tout journal ou écrit périodique qui paraîtra plus de deux fois par semaine, soit à jour fixe ou irrégulièrement, fournira un cautionnement de 2,400 francs de rente.

Cette loi est la dernière qui a paru sur l'objet de nos recherches, c'est-à-dire sur tout ce qui tient à la liberté de la presse; et, certes, nous en avons suffisamment rapporté pour prouver que cette partie de la législation, si belle, si séduisante, si facile en théorie, a été, est et sera toujours dans la pratique, la plus pénible, la plus embarrassante et la plus difficile de l'administration, sous quelque gouvernement que ce soit.

TABLE ANALYTIQUE

DES MATIÈRES.

A.

ABEILARD, ses livres proscrits en 1141, p. 13, 28.
Acte additionnel de 1815 proclame la liberté de la presse, p. 174.
AMAURY, de Chartres, ses livres brûlés en 1215, p. 28.
ANAXAGORAS, accusé de nier les dieux, échappe avec peine à la condamnation, p. 4.
ANTIOCHUS EPIPHANES fait brûler les livres des Juifs, p. 4.
ANTISTIUS, auteur de satires contre Néron, condamné par le sénat, p. 9.
Approbation des livres, leur examen et correction par l'université, dès le XIVe siècle, p. 20, 23, etc. — Le premier livre imprimé portant trace d'approbation, p. 20, Note.
Areopagitica, ouvrage de Milton sur la liberté de la presse, p. 103, Note, p. 106, p. 148.
ARGENTRÉ (Duplessis d'), sa Collectio judiciorum de novis erroribus, citée, p. 56, Note.

ARIUS et ses ouvrages condamnés au feu, p. 10.
ARNAUD de Bresse, ses ouvrages proscrits en 1145, p. 13, 28.
Arrêt du conseil de 1701, qui interdit toute impression qui n'aura pas été permise par juges du lieu et approuvée par personnes capables, p. 89.
Arrêt du Parlement de 1579, portant défense à tout libraire de faire imprimer hors du royaume, sous peine de 4,000 écus d'amende, p. 67.
Arrêt du Parlement de 1768, contre Jossevand, Lécuyer, etc., colporteurs, p. 93.
Arrêts de 1666 et de 1670, portant défense de vendre aucuns libelles, dits gazettes à la main, p. 86.
Athéisme, cause de proscription chez les Grecs; plusieurs philosophes et leurs ouvrages condamnés pour ce motif, p. 2-4. — L'athéisme n'est point le fond de la doctrine

de Geoffroi Vallée dans sa *Béatitude des chrestiens*, etc., p. 67, *Note*.
ATTILIUS, Duumvir, puni de mort pour avoir laissé copier les livres sibyllins, p. 4.
AUGUSTE exile Ovide, p. 5.—Il proscrit les libelles et écrits satyriques, p. 6. — Il renouvelle les anciennes lois contre les astrologues et leurs ouvrages, p. 7.
Auteurs (Décrets sur la propriété des), p. 154, 159, 160.

B.

BACHAUMONT, auteur des *Mémoires secrets*, etc., cité, p. 94.
BEDA (Noël) fait condamner les Colloques d'Erasme en 1508, p. 51. — Il dénonce un ouvrage de Marguerite de Navarre, et le fait condamner, p. 53.—Il est exilé, p. 54.
BEGIN (M.), auteur de l'*Histoire des sciences, lettres et arts dans le pays Messin*, cité, p. 25, 47.
BELLAY (Jean du) sauve l'imprimerie de la proscription que la Sorbonne sollicitait contre elle, p. 54.
BELLEVILLE (le sieur de), gentilhomme, brûlé en 1584 pour quelques écrits contre le Roi, p. 67.
BENOIT (René) publie en 1566 une traduction de la Bible, censurée et malgré cela débitée, p. 64, 65.
BERQUIN (Louis), gentilhomme, brûlé en 1529 comme luthérien, p. 48.
BERRY (Mort du duc de), p. 181.
BEUCHOT (M.), savant bibliographe, rédacteur du *Journal de la Librairie*, p. 165. — A écrit sur la liberté de la presse, p. 104, *Note*.
BEZE (Théodore de), cité, p. 47, 53.
Bibliothèque d'Alexandrie (la) n'a point été brûlée par Omar, selon M. de Sainte-Croix, p. 12.
Bibliothèque d'Etienne de Cantorbéry, léguée aux pauvres écoliers de l'Université en 1271, en quoi elle consistait, p. 14.
BOISOT (Charles), envoyé par l'empereur à Metz pour y éteindre la réforme, p. 51.
BONALD (M. de) a écrit sur la liberté de la presse, p. 105.
Bordeaux, troisième ville de France où on a fixé le nombre des imprimeurs en 1688, p. 119.
BOREL, auteur du *Dictionnaire du vieux langage*, cité, p. 26, *Note*.
BOUCHEL, avocat, a écrit sur les réglemens de la librairie et de l'imprimerie, p. 106, *Note*.
BOUDOT (M.), conservateur des archives de Bourgogne, cité, p. 25.
BOUILLEROT (Joseph) et MOUDIERE (Melchior), impr.-libraires à Paris, condamnés à l'amende pour avoir imprimé un libelle, p. 72.
Bouquinistes, ou libraires étaleurs, existaient dès le XIVe siècle, p. 19.

Breton (François le), avocat, pendu en 1586 pour écrits contre Henri III, p. 68.

Brevets délivrés aux imprimeurs et aux libraires par suite du décret du 5 février 1810, p. 121, 142. — Retirés à divers imprimeurs et libraires, par suite de condamnations, p. 184.

Budé (Guillaume), l'un des juges de Louis Berquin, cité, p. 49. — Il s'oppose au projet de proscrire l'imprimerie en France, p. 55.

C.

Cabinet de lecture, le premier ouvert à Paris, date de 1740, p. 17, Note.

Caligula se montre d'abord généreux en faisant rechercher les ouvrages qui avaient été proscrits par Auguste et Tibère, p. 8.

Caractères de l'imprimerie royale, différens de ceux des autres imprimeries, p. 172.

Cassius Severus, satirique, exilé pour ses ouvrages qui sont brûlés à Rome sous Auguste et Tibère, p. 6.

Cavelat (Léon), imprimeur de l'Union à Paris, emprisonné pour avoir imprimé le *Dialogue du Manant et du Maheustre*, p. 69.

Censeurs royaux, leur origine remonte à l'ordonnance de 1629, p. 76.

Censeurs de l'imprimerie et de la librairie établis par le décret du 5 février 1810; dénommés censeurs impériaux par décret du 14 décembre 1810, p. 162. — supprimés par l'acte additionnel du 22 avril 1815, p. 174.

Censure, telle qu'elle a existé jusqu'en 1789; elle a été dès le XIVe siècle entre les mains de l'Université, p. 40; digression sur son établissement et ses diverses modifications jusqu'à cette époque, p. 76-80.

Censure temporaire, rétablie par ordonnance de Louis XVIII du 1er avril 1820, p. 182.

Censure (Décret de) que l'on dit rendu dans les États de Modène en 1828, p. 112-114.

Censure (Mandement de) de l'archevêque de Valencia, publié en octobre 1830, p. 111-112.

Chancelier (le) nommait les censeurs royaux, p. 76.

Chantelauze, ministre signataire des ordonnances de juillet 1830, p. 196, 197.

Charenton (Imprimeries établies à), supprimées en 1620, p. 73.

Charles IX rend des ordonnances sévères contre les imprimeurs, p. 62, 63.

Charles X succède à Louis XVIII le 16 septembre 1824; son ordonnance du 24 du même mois de septembre, favorable à la liberté de la presse, p. 187. — Autre ordonnance du 24 juin 1827, qui rétablit la censure, p. 188. — Fatale ordonnance du 25 juillet 1830, p. 190. — Son abdication, p. 198.

Charoy, terme de sorcellerie, p. 26, *Note*.

Charte constitutionnelle de Louis XVIII proclame la liberté de la presse, avec répression des abus, p. 170. — La même, modifiée par la Chambre des Députés le 7 août 1830 ; elle applique le jury aux délits de la presse, p. 198, 199.

CHATEAUBRIANT (M. de) a beaucoup écrit sur la censure et sur la liberté de la presse, p. 104, *Note*.

CHATELAIN (Jean), moine, brûlé à Vic en 1525, pour avoir prêché la réforme, p. 48.

CHAUVELIN (M. de), intendant de Picardie, fait poursuivre Charles Redé, imprimeur à Amiens, p. 91.

Chronologie des lois, décrets, ordonnances et réglemens sur la liberté de la presse, de 1789 à 1831 inclusivement, p. 145.

CLAUSEL de Cousergue (M.) a écrit sur la liberté de la presse, p. 105, *Note*.

COIGNARD, imprimeur distingué de Paris, laissa une fortune considérable, p. 33, 34, *Note*.

COLINES (Simon de), imprimeur de Paris, fait tirer les *Colloques* d'Érasme à 24,000 exempl., p. 51.

Commerce de la librairie, en quoi consistait aux XIIIe et XIVe siècles, p. 16-88. — A beaucoup souffert dans ces derniers temps de l'excès des produits, p. 167.

Commissaires spéciaux de la librairie, établis par décret du 11 mai 1815, p. 174.

Commission sénatoriale de la liberté de la presse, p. 158.

Communauté des imprimeurs et libraires de Paris, établie en 1615, p. 106.

CONDORCET, son plan de constitution en 1793, p. 153.

Confrérie des libraires de Paris au XVe siècle, p. 23. — Ordonnance de Louis XI de 1467, où il est question de cette confrérie, p. 23, *Note*.

Conseil de surveillance de la censure, ordonnance du 1er avril 1820, p. 182.

CONSTANT (Benjamin) a écrit sur la liberté de la presse, p. 104.

Constitution française de 1791 (la) proclame la liberté de penser, d'écrire et d'imprimer, p. 152. — Celle de 1793 la proclame également, p. 153. — Celle du Directoire, de même, p. 155.

Consuls, leur arrêté sur la liberté de la presse, p. 157.

Contrefacteurs, les priviléges ont été sollicités pour avoir le droit de les poursuivre, p. 59, 60, *Note*.

COP (Nicol.), recteur de l'Université, fait complaisamment absoudre du reproche d'hérésie le *Miroir de l'âme pécheresse* de Marguerite de Navarre, p. 57.

CRAMOISY (Sébastien), célèbre imprimeur de Paris, ne peut obtenir le droit d'imprimer en Lorraine (alors hors de France), p. 81.

CHAPELET (M.) a écrit sur la liberté de la presse, pour réfuter M. de Bonald, p. 105, *Note*. — Il a aussi réfuté la proposition de Benjamin Constant, relative à la suppression des brevets d'imprimeurs, p. 105, *Note.*

Crémieux (M.), avocat, défenseur de M. Chantelauze, lors du procès des ministres en décembre 1830, p. 197.

Cremutius Cordus, historien romain, se tue pour éviter la vengeance de Tibère ; ses Annales sont proscrites, p. 7.

Crevier, historien, cité au sujet des indulgences, p. 41, 42, *Note.*

Cromé (Louis Morin dit), réputé auteur du *Dialogue du Manant et du Maheustre*, p. 70, *Note.*

D.

Déclaration de Henri II, de 1547, qui ordonne que les noms de l'auteur et de l'imprimeur seront imprimés en tête des ouvrages, p. 58. — Autres du même roi, de 1547 et 1551, relatives à l'imprimerie, p. 58 et 59.

Déclaration de Louis XIII, en 1626, et lettres-patentes, en 1627, contre les abus de la presse, p. 74.

Déclaration de Louis XIV, de 1674, qui révoque toute permission aux communautés religieuses, et aux particuliers d'avoir des imprimeries particulières, p. 87.

Déclaration de Louis XV, de 1728, qui renouvelle tous les édits et ordonnances de ses prédécesseurs contre les abus de la presse, p. 90.

Déclaration de Louis XVIII sur la liberté de la presse, p. 170.

Décret de la Convention de juillet 1793, relatif aux droits de propriété des auteurs, etc., p. 154. — Décret impérial du 22 mars 1805, sur la propriété des ouvrages posthumes, p. 159.

Décret impérial du 5 février 1810, contenant réglement de l'imprimerie et de la librairie, p. 159. — Autres décrets impériaux, découlant du précédent, sur les imprimeurs, les libraires, les journalistes, les censeurs, les inspecteurs, p. 158-168.

Dépôt à la bibliothèque du Roi, puis ailleurs, d'exemplaires des livres imprimés, gravures, etc., d'abord prescrit à deux exemplaires en 1617, p. 87, — puis à huit en 1704, p. 89, — réduit à deux en 1793, p. 154, — porté à cinq en juillet 1812, p. 168, — et enfin réduit à deux en janvier 1828, p. 188.

Diagoras de Melo, sa personne et ses ouvrages proscrits pour cause d'athéisme, p. 2.

Dialogue du Manant et du Maheustre, etc., pamphlet qui a fait beaucoup de bruit dans le temps, p. 69, *Note.*

Dioclétien, sa persécution, il fait brûler les livres saints, p. 10.

Direction générale de l'imprimerie et de la librairie, établie par décret du 5 février 1810, p. 1. — Supprimée par décret impérial de mars 1815, p. 173. — Rétablie au retour du Roi, en juillet 1815, p. 175.

Directoire (le) assujettit, en avril

1796, la liberté de la presse à sa surveillance, p. 155.
DOLET (Etienne), savant imprimeur; ses ouvrages proscrits et condamnés au feu en 1543; lui-même brûlé en 1546, p. 58.
Droit d'un centime exigé par feuille d'impression, décret d'avril 1811; exemple de ce que ce droit aurait rapporté à la direction, pour la réimpression des OEuvres complètes de Voltaire, p. 163.
DUBOIS - FONTANELLE, auteur d'*Ericie ou la Vestale*, cité, p. 94.
DUCARROI, imprimeur à Paris, fustigé et banni en 1586, pour avoir imprimé un écrit contre le Roi, p. 68.
DUJARDIN-SAILLY, rédacteur du *Journal Typographique*, p. 166, *Note*.
DUJARRIGE, CHEFBOBIN et CHAPMARTIN, libraires, pendus à Paris, en 1610, p. 70.
DUPLESSIS (M. G....), bibliophile très-distingué, éditeur de la *Farce des théologastres*, ancienne pièce curieuse et très rare, cité, p. 49, *Note*.
DURANT, poète et pensionnaire du Roi, rompu vif en 1618, pour un écrit satirique contre Louis XIII, p. 71, 72.

E.

ÉDIT de Louis XIII, de 1617, sur le dépôt d'exemplaires de tout ouvrage imprimé à la bibliothèque du Roi. (*Voyez* au mot *Dépôt*.)
ÉRASME obtient un privilége pour tous ses ouvrages imprimés par Froben, p. 60, *Note*.
— Ses *Colloques*, sont imprimés à 24,000 exemplaires par Noël Beda, p. 50.

ÉTIENNE de Cantorbéry lègue, en 1271, sa bibliothèque aux pauvres clercs et écoliers de l'Université, p. 14.
ÉTIENNE (Robert), éditeur et imprimeur de six éditions de la Bible, portées à l'index, p. 57, *Note*.

F.

FABRICIUS de Veiento, satirique sous Néron, condamné au bannissement pour ses écrits, p. 9.
Farce des théologastres, à six personnages, publiée par M. G. Duplessis, à 64 exemplaires, p. 49 et 50, *Note*.
FAYETTE (le marquis de la), sa déclaration sur la liberté d'écrire et d'imprimer, p. 149.
FRANÇOIS Ier est invité par la Sorbonne de proscrire l'imprimerie en France, p. 54.
FRIBURGER (Michel), l'un des trois premiers imprimeurs de Paris, p. 33.

G.

Gazettes à la main, interdites par les arrêts de 1666 et 1670, p. 86, 87.

GEOFFROY DE SAINT-LÉGER, libraire à Paris en 1332, vend un livre de droit, par contract, à Girard de Montagu, p. 22.

GERING (Ulric), l'un des trois premiers imprimeurs de Paris; il s'y fixe et y meurt, p. 33.

GODARD (Guillaume), imprimeur à Paris, a déjà un atelier considérable au commencement du XVIe siècle, p. 35.

Gouvernement provisoire de 1814 (le) maintient la liberté de la presse, p. 168.

GRÉGOIRE le Grand (Saint) accusé d'avoir proscrit les classiques latins, p. 11.

GROTIUS (Hug.) cité comme désapprouvant le *Discours* de la Milletierre, p. 81.

GUERNON de Ranville (M.), ministre signataire des ordonnances de juillet 1830, cité p. 197, *Note.*

GUTTEMBERG de Mayence découvre l'imprimerie, p. 29.

H.

HENNEQUIN (M.), célèbre avocat, défenseur de M. de Peyronnet devant la Chambre des Pairs, en 1830, p. 197, *Note.*

HENRI d'Absperg, évêque de Ratisbonne, donne son approbation, en 1475, à un livre de P. Le Noir contre les Juifs; c'est le 1er livre imprimé où se trouve mentionnée une approbation, p. 20, *Note.*

HENRI II, roi de France (*Voyez* au mot *Déclaration*).

HENRI III rend une ordonnance,

en 1587, qui enjoint au recteur de l'Université de faire des visites chez les libraires, p. 68.

HOLBACH (le baron d'), auteur du Christianisme dévoilé, et non Boullanger, cité, p. 94.

Huchement, ce mot signifiait jadis proclamation dans le pays Messin, cité, p. 52.

HUSS (Jean), ses ouvrages brûlés en 1414, et lui-même en 1415, p. 28.

I.

Impression, l'immensité de ses avantages sur l'écriture pour multiplier les copies, démon-

trée par le calcul, p. 31 et 32, *Note.*

Imprimerie, son origine et son

établissement en France, p. 29. Ses premiers essais sont très incertains, p. 29, *Note*.—Elle est déjà importante à Paris dans le xv⁰ siècle et au commencement du xvi⁰, p. 34 et 35.—Elle est sur le point d'être proscrite en France, et l'eût peut-être été sans Du Bellay et Budé, p. 54.—Neuf villes ont reçu l'art de l'imprimerie avant Paris, c'est-à-dire avant 1470, p. 32.—Nomenclature des villes de France qui l'ont reçue dans le xv⁰ siècle, avec la date, p. 32 et 33, *Note*.

Imprimerie royale, administrée en régie par ordonnance de juillet 1823, p. 186.

Imprimerie et librairie (Liste, purement bibliographique, de quelques ouvrages sur les statuts et réglemens de l'), p. 106, *Note*.

Imprimerie et librairie (Chronologie des lois, décrets, ordonnances et réglemens concernant l'), depuis 1789 jusqu'en 1831 inclusivement, p.145-202.

Imprimeries clandestines prohibées par le réglement de la librairie de 1618, p. 72.

Imprimeries supposées, opinion de Lotin à ce sujet, p. 73, *Note*.

Imprimeries en France; fixation de leur nombre dans chaque ville susceptible d'en posséder, p. 116.—Tableau qui spécifie ce nombre dans 279 de ces villes, p. 127-140.

Imprimeurs (les principaux) de Paris au xv⁰ siècle, p. 34. — Les imprimeurs de Paris fixés à trente-six depuis 1686 jusqu'à 1789, p. 119,—à soixante en 1810, et à quatre-vingts en 1811, p. 124.

Index des livres défendus; on peut en faire remonter l'origine à un concile de Rome, tenu en 496, p. 11.—Le premier *Index* d'Espagne en 1559, p. 61.—De France en 1544 (Rabelais y figure), 56. —De Venise en 1543, p. 55.

Indulgences (les) sont une des causes qu'a prétextées Luther pour prêcher la réforme, p. 41. — Elles ont été abusives dans un temps; citations de Crevier à cet égard, p. 41, 42.

Inquisition (l') d'Espagne, proscrit un *petit office* imprimé en France sous le prétexte d'un rébus; elle défend de lire la Bible en langue vulgaire, p. 65, 66.

Inspecteurs de la librairie, établis en 1810,—supprimés en 1815, p. 174. — Et les quatre maintenus à Paris, supprimés en 1829, p. 189.

J.

Jacques (le sieur), imprimeur-libraire à Metz, sévèrement puni, en 1525, comme luthérien, p. 46.

Jésuites, leur imprimerie particulière supprimée au collége de Clermont à Paris, en 1614, p. 71.

Johnson, savant anglais, ses réflexions judicieuses sur la liberté de la presse, p. 106-108.

Journal officiel de la librairie et de l'imprimerie, son établissement par décret impérial, en 1811, p. 165. — Combien il a renfermé d'articles, année par année, de 1811 à 1831, p. 167.

Journaux, comparaison du nombre de ceux qui existaient en France en 1631, en 1731, et de ceux qui existent en 1831, p. 115, *Note*. — Décret impérial sur les journaux, en août 1810, p. 161. — Lois sur le cautionnement des journaux de juin 1819, p. 180. — De juillet 1828, p. 189. — De décembre 1831, p. 201.

Journaux assujettis à une nouvelle autorisation du ministère de la police, et à l'examen d'une Commission par décret d'août 1815, p. 176. — Ne pourront paraître qu'avec l'autorisation du Roi, loi de décembre 1818, p. 179. — Leur suspension temporaire, loi de mars 1820, p. 181. — Soumis à un examen préalable, par ordonnance du 16 août 1824, p. 186. — Autre ordonnance de juillet 1828, p. 189. — Fatale ordonnance du 25 juillet 1830, p. 190.

K.

KRANTZ (Martin), l'un des premiers imprimeurs de Paris, p. 33.

L.

LABIENUS (Titus), historien romain, dont les ouvrages ont été condamnés au feu, p. 7.

LALLY-TOLENDAL, son opinion sur la liberté de la presse, p. 177.

LAMOIGNON-MALESHERBES (M. de) a écrit sur la liberté de la presse, p. 104, *Note*.

LANJUINAIS, auteur du *Supplément à l'Espion anglais*, cité, p. 94.

LASTEYRIE (M.) a écrit sur la liberté de la presse, p. 105, *Note*.

LECLERC (Jean), l'un des premiers réformés, puni à Meaux et supplicié à Metz en 1525, p. 46.

LEMAIRE de Belge (Jean) demande un privilége, en 1509, pour publier ses *Illustrations des Gaules*, p. 59, *Note*.

LÉON X condamne la doctrine de Luther, p. 44.

Libelles diffamatoires condamnés chez les Romains, par la loi des XII Tables, p. 4; — par Auguste, p. 6.

Liberté d'écrire chez les anciens et dans le moyen âge, p. 1-12. — En quoi consiste son histoire depuis le XIIe siècle, p. 13.

Liberté de la presse (la) n'a point été très restreinte jusqu'à la fin du règne de Louis XII, motifs, p. 39, 40.—Combattue et restreinte lors de la réforme et de la Ligue, p. 43.—Condamnations et supplices pour la restreindre, p. 45 et suiv.—Vivement combattue sous Charles IX, p. 61-63.—Sous Henri III, p. 68.—Sous Louis XIII, p. 73.—Sous Louis XIV, p. 75. —Liste d'ouvrages sur la liberté de la presse, p. 104-106. —Difficulté de faire une bonne loi sur la liberté de la presse, p. 95-116.

Libraires, il en existait déjà à Paris dans le XIIe siècle, p. 13. — Ils sont assujettis à l'Université dans le XIIIe siècle, p. 14.—Ils lui prêtent serment en 1302, p. 15.—Puis en 1323 ils sont reçus jurés de l'Université, p. 18 et 19.

Lithographie (la) assimilée aux mêmes formalités que l'imprimerie, par décret de 1817, p. 179.

Livre contre le pape, condamné à Metz dans le XIVe siècle, p. 24.—Livre de sorcellerie, brûlé par les magistrats à Dijon, dans le XVe siècle, p. 25.

Livres de Numa retrouvés et condamnés au feu par le sénat, p. 5.

Livres (Rareté des) dans le XIIIe siècle, p. 14, *Note*.

Livres (les), dès le XIVe siècle, doivent être revus et corrigés par l'Université avant d'être mis en vente par les libraires, p. 18 et 20.

Livres (les) commencent à devenir un peu plus communs, à dater du milieu du XIVe siècle, p. 21, *Note*.

Livres d'église ne peuvent être imprimés sans la permission de l'évêque diocésain, p. 159.

Livres imprimés à l'étranger (droit sur les), p. 161.

Lois, décrets, ordonnances et réglemens sur la liberté de la presse, sur l'imprimerie et la librairie, depuis 1789 jusqu'en 1831, rangés par ordre chronologique, p. 145-202.

LOTTIN (Aug. Mart.), éditeur d'un bon Catalogue des libraires et imprimeurs de Paris, p. 106, *Note*.—Il prétend qu'il n'y a jamais eu d'imprimerie à Charenton, il se trompe, p. 73, *Note*.

Louage des livres au XIVe siècle, p. 16-18.—Le premier cabinet de lecture à Paris, ouvert en 1740, p. 17, *Note*.

LOUIS XI, son ordonnance de 1467, sur les droits qu'avaient à payer les libraires de Paris, p. 23.

LOUIS XII, sa déclaration où il fait un grand éloge de l'imprimerie, p. 35.

LOUIS XIII publie une déclaration en 1626, des lettres-patentes en 1627, et une ordonnance en 1629, contre les abus de la presse, p. 74.— Son édit qui fixe le nombre des imprimeurs à Toulouse, p. 119.

LOUIS XIV, sa déclaration qui révoque tout privilége et toute permission d'avoir des imprimeries particulières, p. 87.— Ses édits pour fixer le nombre des imprimeries à Paris, à Bordeaux et à Lyon, et dans d'autres villes, p. 119, 120.

LOUIS XV (sous), arrêt du conseil de 1739, qui fixe définitivement le nombre des imprimeries dans différentes villes de France, p. 120. — Réglement de 1723, sur l'imprimerie et sur la librairie, le plus étendu et le plus important de tous, p. 92.

Louis XVI, sa déclaration du 23 juin 1789, citée, p. 149.

Louis-Philippe, proclamé roi des Français, par la Chambre des Députés, le 9 août 1830.

— Loi du 8 octobre 1830 qui attribue aux cours d'assises la connaissance des délits de la presse, p. 199.

Luther, auteur de la réforme, cause une grande révolution en Europe, p. 41. — Il fait brûler la bulle de Léon X qui l'anathémise, p. 45.

Lyon, quatrième ville où l'on a fixé le nombre des imprimeurs, p. 119.

M.

Manuscrits (cherté des) au XIVe siècle, p. 22.

Manuscrits à imprimer; l'ordonnance de 1629 et un arrêt du conseil de 1678, exigeaient des auteurs qu'ils remissent deux copies, l'une au chancelier et l'autre à l'imprimerie, p. 75.

Marat, son éloge funèbre; impie et absurde comparaison de cet homme avec J.-C., p. 98-101.

Marcia, fille de Cremutius Cordus, sauve du feu quelques copies des *Annales* de son père, p. 8.

Margueritte de Navarre, auteur du *Miroir de l'âme pécheresse*, accusée d'hérésie, par Beda, p. 53.

Martignac (M. de), défenseur de M. de Polignac à la Chambre des Pairs; sa mort, p. 197, *Note*.

Mazarinades, quelques détails sur ce recueil, p. 83, *Note*. — Titre des plus rares de ces pièces, p. 84, *Note*.

Merlin (Guill.), imprimeur à Paris, a déjà un atelier d'imprimerie très considérable au commencement du XVIe siècle, p. 35.

Meurisse, évêque de Madaure, auteur d'un ouvrage sur l'hérésie de Metz au XVIe siècle, cité, p. 46, 52.

Michaud (M.), son brevet d'imprimeur du roi est révoqué, p. 176.

Mignonneau (M.) a écrit sur la liberté de la presse, p. 104, *Note*.

Milletière (Branchet de la), fougueux protestant, publie un ouvrage séditieux condamné à être brûlé en 1626, p. 81.

Milton, son *Areopagetica*, cité, p. 103, *Note*, p. 106, p. 148.

Ministres de Charles X, mis en jugement, à raison des ordonnances du 25 juillet 1830, p. 196, *Note*.

Mirabeau, son *Traité de la liberté de la presse*, cité, p. 103, *Note*, p. 148.

MORIN (Simon), espèce de fou, condamné à être brûlé, et ses partisans à diverses peines, en 1663, p. 85 et 86.
MORLAT (Claude), imprimeur-libraire à Paris, condamné à être pendu, pour avoir imprimé un libelle contre la reine, sauvé par le peuple, p. 85.
MUGUET (Franç.), imprimeur à Paris, poursuivi pour avoir publié une bulle avant son enregistrement, p. 86.

N.

NÆVIUS, poète dramatique, proscrit à Rome ainsi que ses ouvrages, pour la licence de ses pièces, p. 5.
NAUDÉ (Gabriel), auteur du jugement sur les Mazarinades, cité, p. 83 et 84, *Note*.
NÉRON n'a point été sévère, ni cruel contre ceux qui ont écrit contre lui, p. 9, 10.
NODIER (Charles), son opinion sur les résultats futurs de l'imprimerie, p. 38-40, *Note*.

O.

Ordonnance de Philippe le Hardi en 1275, qui met les libraires sous la surveillance de l'Université, p. 14.
Ordonnance de Charles IX de 1561, portant peine du fouet, puis de la vie, contre tout imprimeur et afficheur de libelles, p. 61.—Autre ordonnance de 1563, sur le même objet, p. 62.—Autre de 1566, p. 63. —Autre de 1571, p. 66. (Toutes sont excessivement sévères.)
Ordonnance de Henri III de 1587, qui prescrit au recteur de l'Université de visiter les boutiques des libraires jurés et non jurés, pour en enlever les mauvais livres, p. 68.
Ordonnance de Louis XIII de 1629, qui renouvelle toutes les les ordonnances contre les abus de la presse, p. 74.
Ordonnance du 25 juillet 1830, et rapport relatif à la presse périodique, p. 190.
Ouvrages (liste de quelques), sur la liberté de la presse, p. 103-106.
Ouvrages posthumes (décret impérial sur la propriété des), p. 159.
OVIDE, proscrit par Auguste, sous le prétexte de son poëme de l'*Art d'aimer*, p. 5.

P.

PANCKOUCKE (M.), autorisé à réimprimer le grand ouvrage d'Égypte; ordonnance du 28 juin 1820, p. 183.

Papetiers (décret sur les), p. 154.

Papier d'affiche, sa couleur déterminée par la loi du 28 avril 1816, p. 176.

Paris, seconde ville du royaume où l'on a fixé le nombre des imprimeries, à 36 en 1636, à 60 en 1810, à 80 peu après, p. 119.

Parlement de Paris, déclaration où, selon Mirabeau, il se prononce en 1788 pour la liberté de la presse, p. 148.

PATIN (Guy), cité au sujet de Vivenay, p. 83.

PAUVANT (Jacques), religieux et docteur de Sorbonne, brûlé à Paris, en 1525, comme luthérien, p. 48.

PAVIE, imprimeur à Angers, condamné pour avoir imprimé le *Supplément à l'Espion anglais*, par Lanjuinais, p. 94.

PÉRICAUD de Lyon (M.), cité, p. 93.

PETIT (Oudin), libraire de Paris, destitué par la Faculté de théologie de l'Université en 1567, p. 65.

PEYRONNET (M. de), ministre signataire des ordonnances de juillet 1830, cité, p. 197, Note.

PHILIPPE LE HARDI met les libraires de Paris sous la surveillance de l'Université en 1275, p. 14.—Statut de l'Université à cet égard, p. 15.

PIC (M.), juge à Lyon, auteur du *Code des imprimeurs et libraires*, très bon ouvrage, p. 106, Note.

PIDANZAT de Mairobert, auteur de l'*Espion anglais*, p. 95.

PIERRE de Blois achète un livre de droit d'un libraire de Paris au XII° siècle, p. 13.

PIERRE (Jean de la), prieur de Sorbonne, fait venir les trois premiers imprimeurs que l'on ait vus à Paris, p. 33.

PILLET (M.), imprimeur et rédacteur du *Journal typographique*, puis propriétaire et imprimeur du *Journal de l'Imprimerie et de la Librairie*, p. 166, Note.

POLIGNAC (le prince de), ministre signataire des ordonnances du 25 juillet 1830, p. 196, Note.

POLITIEN (Ange), ses ouvrages imprimés avec privilége en 1518, p. 60.

PORPHYRE, ses ouvrages contre les chrétiens condamnés au feu par Théodose, p. 11.

Propriété des auteurs, reconnue et assurée par les lois, p. 154, 159, 160.

PRAGUES (Jérôme de), brûlé, ainsi que ses ouvrages, en 1416, p. 28.

Presse périodique (de la), p. 115.
—(Rapport sur la), p. 190.

Presses clandestines, la cause de leur établissement, p. 117.

Priviléges en librairie, ils existent dès 1507, p. 58, Note.

PRODICUS, rhéteur de Cos, condamné à mort pour cause d'athéisme, p. 3.

PROTAGORAS d'Abdère, proscrit, ainsi que ses ouvrages, pour cause d'athéisme, p. 3.

R.

REDÉ (Charles), imprimeur d'Amiens, condamné pour avoir imprimé des ouvrages sur les affaires du clergé de France, p. 91.
Réglement de la librairie, qui, en 1618, prohibe les presses clandestines, p. 78.
Réglement de 1723 sur la librairie; c'est le plus étendu et le plus important de tous, p. 92.
Réglement de l'Université, qui, en 1550, défend d'imprimer aucun livre sans l'approbation et la censure de deux maîtres de chaque faculté, p. 57.
REGUILLAT, imprimeur-libraire de Lyon, révoqué par arrêt du conseil de 1767, pour avoir imprimé et débité de mauvais livres, p. 92.
REIMANN, bibliographe, cité au sujet de l'*index* de Venise, p. 55.
RENOUARD (M. A.-Ch.) a écrit sur la liberté de la presse, p. 105, *Note*.
Répression (Moyens de) employés par l'autorité pour restreindre la liberté de la presse, p. 44 *et suiv.*
ROQUEFORT (M.), auteur du *Glossaire de la langue romane*, cité, p. 26, *Note*.
ROUSSEAU (J.-J.), sa diatribe contre l'imprimerie, p. 36, *Note*.
Roux (Pierre), rédacteur du *Journal typographique*, p. 165, *Note*.

S.

SAINT-FARGEAU (le président de), accusé de sévérité, p. 94.
SAINTE-CROIX (M. de) cherche à prouver que la bibliothéque d'Alexandrie n'a point été brûlée par Omar, p. 11.
SANDRECOURT, auteur de la plupart des *Mazarinades* en vers burlesques, p. 83, *Note*.
SARISBERY, cité à l'occasion de Grégoire le Grand, p. 11.
SARRAN (M.) a écrit sur la liberté de la presse en réponse à M. de Bonald, p. 105, *Note*.
SAUGRAIN a publié le *Code de la librairie*, par suite du réglement de 1723, p. 92 et 106, *Note*.
SAUZET (M.), avocat distingué, défenseur de M. Guernon de Ranville devant la Chambre des Pairs, p. 197, *Note*.
SCARRON, auteur de la plupart des *Mazarinades* en vers burlesques, p. 83, *Note*.
SCHOYFFER, perfectionne avec assez de rapidité l'art typographique récemment découvert, p. 30.
Scriptorium, chambre où se réunissaient jadis les copistes dans les monastères, p. 21, *Note*.
SECOUSSE a commencé le recueil

des *Mazarinades*, p. 83, *Note*.
SÉNÈQUE, père et fils, cités à l'occasion de Marcia, p. 8.
Serment prêté par les libraires à l'Université depuis le xiiie siècle, p. 15, 18.
SIEYES, sa déclaration des droits de l'homme, du 21 juillet 1789, p. 150.
SIGEBERT, sa *Chronique* imprimée en 1511, ayant un privilége, p. 50, *Note*.
SOCRATE, cité, p. 4.
Sorbonne (la société de) sollicite de François Ier la proscription de l'imprimerie en France, p. 54.
Stationarii, nom donné aux libraires dans le xive siècle, p. 17, *Note*.
Statut (premier) et réglement de l'Université, de 1275, à l'égard des libraires de Paris, p. 15.—Nouveau statut de 1323, p. 16. — Renouvelé en 1342 et en 1405, p. 20.
SUAREZ, son livre *de la Défense de la Foi*, brûlé à Paris en 1614, p. 71.

T.

Tableau, en sept colonnes, du nombre des imprimeries en France tel qu'il a été fixé pour chaque ville : 1°. en 1704; — 2°. en 1739; — 3°. en 1810; — 4°. en 1830; — puis des libraires en 1830, p. 122 pour l'explication du tableau, et p. 127-140 pour le tableau. — Résultats de ce tableau, p. 140-144.
Taxe des livres au xive siècle, p. 15 et 18.
TEISSIER (M.), auteur de l'*Essai sur les commencemens de la typographie à Metz*, cité, p. 47, *Note*.
THIERRY (Rolin), imprimeur de l'Union, poursuivi comme ayant imprimé le *Dialogue d'u Manant et du Maheustre*, p. 69.
THOMASSIN (M.) de Besançon, ses *Réflexions sur la liberté de la presse*, p. 103, *Note*.
TINGHI (Philippe), libraire de Lyon, puni par le parlement pour avoir fait imprimer hors du royaume, p. 67.
Toulouse, première ville du royaume où l'on a fixé le nombre des imprimeries, en 1622, p. 119.

U.

Université de Paris : elle a la surveillance sur les libraires dès 1275; elle fait un réglement à cet égard; les assujettit au serment, taxe leurs livres, p. 15.—Nouveau statut de 1323, p. 16.—Elle exerce sur les libraires une autorité très gênante pour eux, p. 17-19. — Tableau des désordres qui régnaient dans l'Université en 1587, p. 68. — Elle a exercé la censure des livres dès le xive siècle, p. 40, et a toujours fait valoir ses droits exclusifs à la censure universelle comme les tenant du pape, p. 77.

V.

VALLÉE (Geoffroi), condamné au feu en 1573 pour avoir publié sa *Béatitude des Chrestiens*, p. 67.

Vente de bibliothèques après décès; ne peut avoir lieu qu'après visite, pour en ôter les livres suspects; ordonnance de 1551, p. 61.

VILLEVIELLE (M. de), rédacteur du *Journal typographique*, p. 166, *Note*.

Villes de France où l'on a fixé le nombre des imprimeries en 1704; — puis en 1739, p. 120; — enfin en 1810, p. 121.

VIVENAY, imprimeur à Paris, condamné aux galères pour avoir publié des pièces satiriques du temps de la Fronde, p. 82-84.

X.

Xeuppe ou *Cheuppe*, espèce de supplice autrefois en usage à Metz, p. 47, *Note*.

FIN.